三輪博秀

やせたいところがどんどんやせる

驚異の「部分やせ美容法」

NARL超音波

元就出版社

驚異の「部分やせ美容法」ＮＡＲＬ超音波――目次

［第3章］人はなぜ太るのか　62
～私は太り、あなたがやせるのはなぜ？～

[第5章] ついに誕生した〝部分やせ美容法〟！ 131

〜世界が驚いた「NARL超音波」〜

やせたいところがどんどんやせる

驚異の「部分やせ美容法」

NARL超音波

［第1章］世界初！　局所的にスマートになれる！
～国際的に認知された〝部分やせ美容法〟～

1 「NARL超音波」とは何か

「NARL」はNor Adorenaline ReLeaseの略称で、「ノルアドレナリンの放出」を意味します。ノルアドレナリンというのは脂肪を分解するホルモンのことで、交感神経の末端に貯《たくわ》えられていますが、特定の周波数と強度の超音波（＝NARL超音波）で身体を照射すると、その部位のノルアドレナリンが放出されて周囲の脂肪細胞に作用し、脂肪を分解して〝部分やせ〟を実現することができます。

これは世界で初めて発見された現象で、国内六大学の協力を得て基礎的な作用が解明された後、世界特許が許可され、すでに日本と米国で登録されています。実用化に入って一年有余ですが、その驚くべき〝部分やせ〟効果が実証され、ユーザーから数多くの賛辞が寄せられています。

そこで、NARL超音波についての詳しい報告と、社会的・医学的な意義、美容ならびに健康分野へのインパクト、ならびに初めて科学的に〝部分やせ〟が可能になったインパクトなどについて、科学的事実に基づいて以下に述べたいと思います。

◆太りすぎに悩む現代人

人類の長い歴史の中で、男女を問わず太っていて恰幅《かっぷく》が良いことは、富と健康の象徴とされてきました。今でも、多くの発展途上国では「肥満体」に人気が集まり、本人もそのことを自慢するケースが少なくありません。

その一方、多くの先進諸国では、栄養の過剰摂取と運動不足による肥満が人々の健康を脅かす要因としてクローズアップされ、無視できない社会問題になっています。

たとえば、米国内科学会による一九九五年の調査によれば、米国の成人の約六割が肥満体と見なされ、ハーバード大学の疫学調査（一九九〇年）では、肥満そのものの治療費のほか、肥満によって引き起こされる糖尿病や心臓病、高血圧症、胆石症の治療費が年間で四五八億ドルに上っています（「日経サイエンス」一九九六年一〇／一一月号）。

最近の二〇〇三年では米厚生省によると、成人の六五％、一億二七〇〇万人が「太り過ぎ」。うち六〇〇〇万人が「肥満」、さらに九〇〇〇万人が「深刻な肥満」で、糖尿病関連の医療だけで年間一三〇〇億ドル（一四兆円）に達しています。

このような傾向については、日本も例外ではありません。

現在、厚生労働省では二〇一〇年をめざして、「健康日本２１」という健康づくり運動を展開していますが、肥満が関係する糖尿病や高血圧、虚血性心疾患及び脳血管性疾患の治療に、約五兆五〇〇〇億円という巨費が投じられています。

その背景に欧米型の脂肪過多の食生活や運動不足、社会的ストレスの増加などがあることは明らかですが、このままでは日本人の肥満率がますます増大するのではないかと心配されています。そのため、近年は肥満を解消するビジネスの市場が大きくふくらみ、ダイエット志向がＯＬや主婦層をはじめ、ビジネスマンや中高年男性の間にも広がっています。

そして医療機関に「肥満外来」が設けられ、フィットネスクラブやスポーツクラブなどでは、さまざまな生活習慣病を予防する「メディカルフィットネス」が導入され、肥満予防の特定保健用食品や栄養補助食品（サプリメント）などが次々に発売されています。これからはさまざまな「肥満予防教室」や、インターネットを活用して自宅で行うフィットネスなどが脚光を浴びることになるでしょう。

◆美しいボディラインと〝部分やせ〟の夢

また、二〇〇三年に発表された厚生労働省の「国民栄養調査」によれば、十代の女性の七割以上が標準体重なのに「自分は太っている」と考えており、実際にはやせているにもかかわらず、さらにダイエットしたいと考えている女性が四割を越えていることが分かりました。この事実から若い女性たちの〝スリム信仰〟や〝痩身願望〟がいかに強いかということが分かりますが、これは美しいボディラインへの憧れといえるでしょう。

けれども、一般的な痩身法では、身体のどの部分がやせるかは個人の体質次第で、希望どおりにはいきません。その意味では、部分あるいは〝局所やせ〟が究極の願望であり、希望する体型を自由に作ることができるボディラインのテーラーメイドが、人種や年齢、性別を越えた究極の痩身願望といえるでしょう。

◆ヒトはなぜ太るのか

では、NARL超音波が身体にどういう作用をするのかを述べる前に、肥満と脂肪の関係についてまとめておきましょう。

［図1］は、ヒトの肥満のメカニズムをまとめたものですが、私たちが食物を摂取すると、腸内で「糖質」や「脂質」などが吸収され、血管を通じて筋肉などの組織に運ばれてエネルギー源になります。

しかし、あまり食べ過ぎると、余分に摂取された糖質と脂肪酸が膵臓から分泌《ぶんぴつ》されるイ

〔図１〕

ンシュリンというホルモンによって脂肪に合成され、体内の脂肪細胞の中に蓄積されて「脂肪滴」が肥大してきます。そして、脂肪滴がある程度以上肥大すると、次は脂肪細胞の数が増え、それがふたたび肥大することによって肥満になるのです。

こうして体内にとりこまれた脂肪は、まず皮下に蓄積されて皮下脂肪となり、次に内臓の周囲に蓄積される内臓脂肪となりますが、多くの場合、食べ過ぎや運動不足などの生活習慣が原因となります。一日に消費されるエネルギーより、体内に摂取されるエネルギーの方が多くなれば、余分のエネルギーが脂肪として体内に蓄積され、次第に肥満体になっていくのです。

しかし、私たちが毎日の生活の中で運動を行い、エネルギー源となる血中の糖質と脂肪酸が不足し始めると、大脳中枢の視床下部がこれを察知して、二種類の「脂肪分解ホルモン」を放出する指令を出します。

その一つは副腎から分泌されるアドレナリンで、もう一つは全身に分布する自立神経系の交感神経末端から放出されるノルアドレナリンで、両者は、共に血液によって脂肪細胞まで運ばれます。

そして脂肪細胞では、このホルモンの刺激によって脂肪が「遊離脂肪酸」と「グリセロール」に分解され、血中にエネルギー源として放出される仕組みになっています。

◆「NARL超音波」の登場

そこで、こうしたメカニズムに着目した三輪サイエンス研究所では、約五年の歳月をかけて、余分な脂肪の分解に超音波を応用する研究に没頭しました。

その詳しいプロセスは第五章に譲りますが、特定の周波数（約517kHz）と強度（5〜110mW／c㎡）の微弱超音波を人体に照射すると、交感神経の末端から、脂肪を分解するノルアドレナリンが放出されることを発見。ヒトに対しての効果を確認してから、これを「NARL超音波」と命名したのです。

ノルアドレナリンは通常、大脳からの指令によって血中に放出されますが、NARL超音波が局所の交感神経末端を刺激すると、その末端の貯蔵小胞に蓄積されたノルアドレナリンが、大脳からの指示とは関係なく、血中に放出されることを確認したのです。

実際に、当研究所が徳島大学医学部の妹尾広正先生と共同研究した結果によれば、NARL超音波を一〇分間照射したラット局所の脂肪細胞中のノルアドレナリンは、照射前の約二倍に増加しました。

また、国立精神神経センターの大西隆先生との共同研究で、交感神経が集中しているヒトの顎下腺で放射性沃度《ヨード》を含むノルアドリンの集積と、NARL超音波の局所照射による放出がSPECTという装置で映像化され、交感神経からのノルアドレナリン放出が確認されました（写真1）。

さらに、こうして放出されたノルアドレナリンは、その付近の脂肪細胞に作用して、脂肪を遊離脂肪酸と糖質に分解して血中に送り出し、エネルギーとして燃焼させる効果があることが予測されました。そこで、熊本県立大学環境共生学部の奥田拓道先生との共同研究により、やはりラットの一〇分間の照射によって、遊離脂肪酸の血中濃度が照射前の二倍に達することが実証されたのです。

当研究所では、これを「NARL効果」と呼びますが、こうした微弱超音波による脂肪分解実験の成功は世界でも初めてで、日本はもちろん、欧米の肥満学会にも大きな反響を呼び起こしました。

けれども、こうして発生した遊離脂肪酸は、身体の必要に応じて大脳の視床下部が指令した結果ではないので、そのまま放置すると視床下部が過剰を検知し、ふたたび脂肪に合成されて太りやすい部位に沈着されてしまいます。

そこで「NARL効果」を有効に利用するには、何らかの運動によって遊離脂肪酸を燃焼・消費させる必要がありますが、当研究所と愛媛大学体育生理学の杉山教授、慈恵医大健康医学センターの池田義雄教授、佐々木温子先生などとの実験で、時速3～4kmのトレッドミル（ウォーキング・マシン）やエアロバイクで一五～二〇分歩く運動を併用しました。多少の個人差はありますが、この程度の照射と運動を二週間に約一〇回続けるだけで平均10％、多い人で約20％の局所の皮下脂肪が減少することが確認されたのです。

◆〝部分やせ〟を実現した画期的な発明

このNARL超音波を応用して、最近、エステティックサロンを中心に、夢のような〝部分やせ〟効果が注目されているのが美容・健康機器の「ソニックスリム」です。

三輪サイエンス研究所が、愛媛大学医学部や徳島大学医学部、東京慈恵医科大学、東海大学医学部、東京肥満研究所、磯子中央脳神経外科病院、最近では国立精神神経センターなどの協力を得て、六年の研究期間を費やして完成したこの機器は、体内の余分な脂肪を超音波によって除去することに世界で初めて成功。これまで不可能と言われてきた、〝部分やせ〟の夢を実現した画期的な発明です。

すでに米国や日本で特許を取得し、世界各国の特許を申請中の「NARL超音波」は、平成一四年六月二三日放送の「特命リサーチ200X―II」（日本テレビ）や、「タモリの未来予想テレビ」（フジテレビ／同一五年二月二六日放送）、日経ヘルスなどのマスコミでも大きく報道され、簡単に〝部分やせ〟ができる驚異的発明として注目されています。

2　驚異！　実証された「ＮＡＲＬ超音波」の効果

このＮＡＲＬ効果は（株）三輪サイエンスでソニックスリムとして業務用が商品化され、すでに一〇〇箇所を越える病院、クリニック、エステ、療術所、ジム、薬局等で使用され、その効果が報告されています。また複数社にライセンスされ、個人用が近く商品化される気運にあります。

統計的には、明確に高い効果を示したヒトは、約七〇％を越えています。遺伝子や生活習慣等で効果の低いヒトもありますが、あらかじめ主要三種遺伝子を分析して対策すれば、ほとんどのヒトが満足されると思われます。代表的な効果例を以下にお見せしましょう。

◆ヒトの交感神経からノルアドレナリン（国立精神神経センター武蔵病院大西隆博士）

交感神経が集中しているのは、ヒトでは顎下と耳下腺です。放射性の沃土一二三を含むノルアドレナリン等価剤（ＭＩＢＧ）を注射すると、交感神経末端の左の右顎下腺と耳下腺に集まります。沃土一二三から放射されるＸ線を、放射腺センサーで捕らえると、沃土

写真１　唾液腺断層像

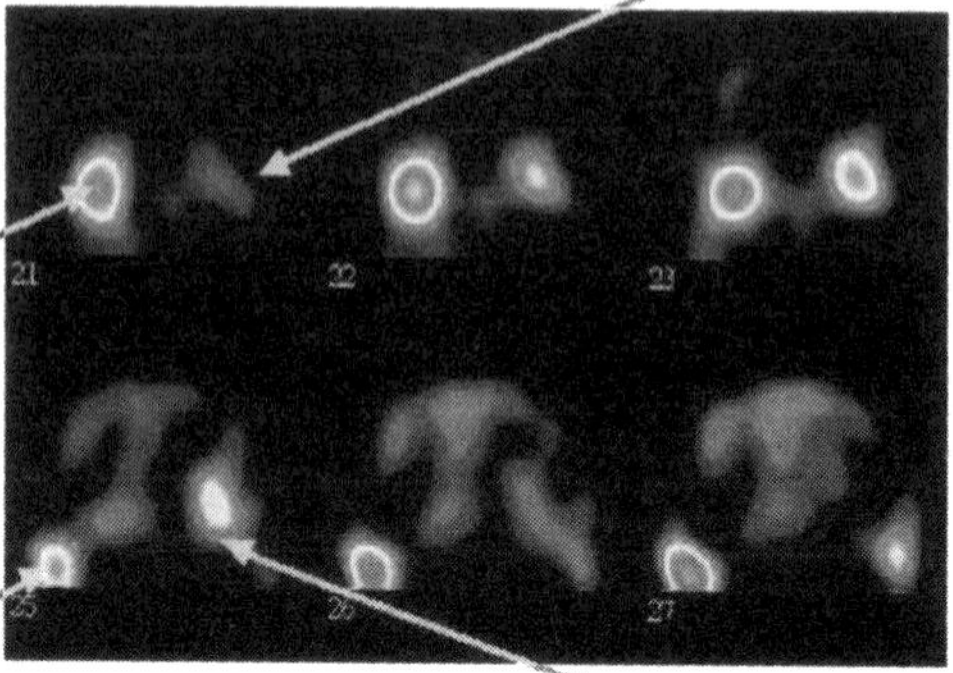

一二三の分布が映像化されます。この映像化装置は、ＳＰＥＣＴ（単一光子放射ＣＴ）と呼ばれる高度の精密機器です。左の顎下腺と耳下腺にＮＡＲＬ超音波を照射して、右の顎下腺と耳下腺には照射しないで、顎下腺と耳下腺を映像撮影しました。

写真１・上段は顎下腺、下段は耳下腺です。左右のならびは、断面の高さが四ミリずつ異なります。左が下で右が上です。非照射側は、ノルアドレナリンが集積していますが、照射された右側は、ノルアドレナリンが放出されて、残り少ないことを示しています。

◆大腿部照射のＣＴ像

日本テレビ特命リサーチ２００Ｘでは、磯子中央脳神経外科病院の土田先生と、ＮＡＲＬ超音波を四名の右大腿にパッド二枚で向脛部に照射し、一五分、歩行器で運動しました。一日一回、土日休みで~三週間実施しました。最初と最後で照射した右大腿と非照射の左大腿を同時にX線CTで断面撮影しました。

写真２（大腿照射CT像）に、左右それぞれの断面を最初と最後と重ねて示します。中央の小さい白いリングは大腿骨です。周りの薄い灰色は筋肉です。その周りの濃い部分は脂肪です。左は照射前と後とで差はありま

写真2

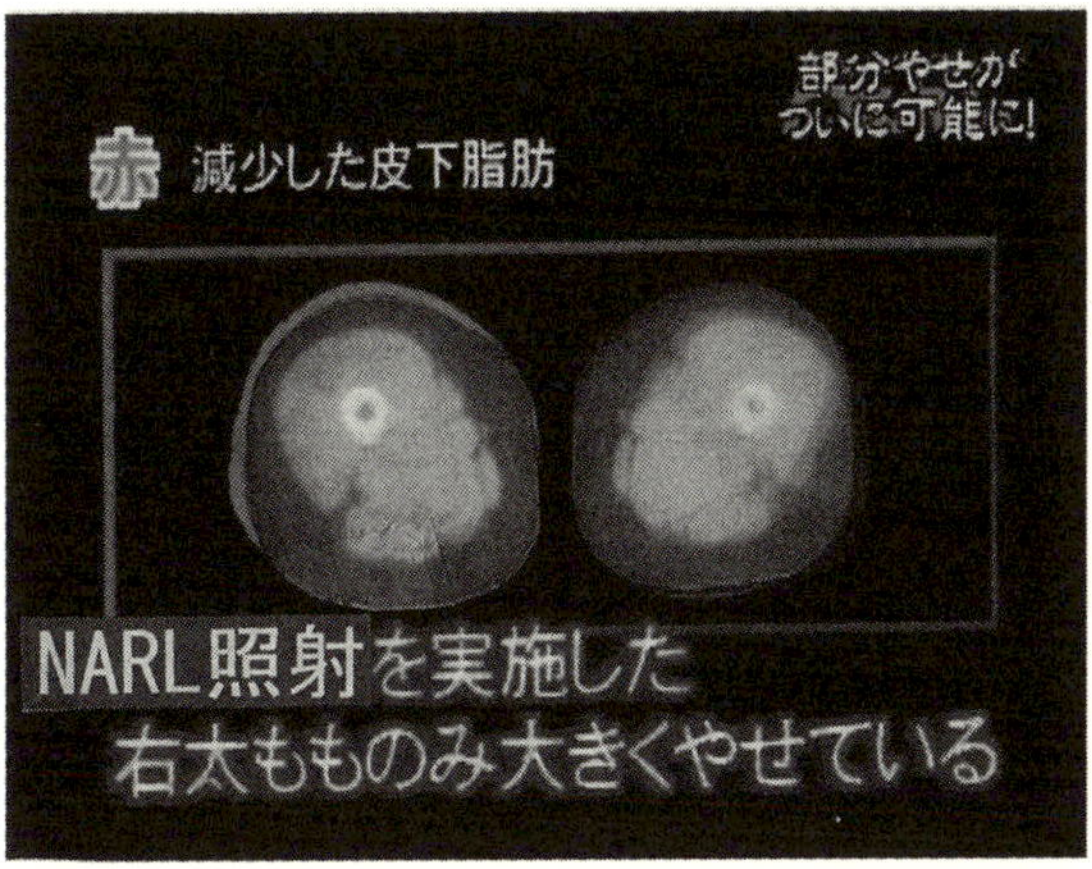

写真3

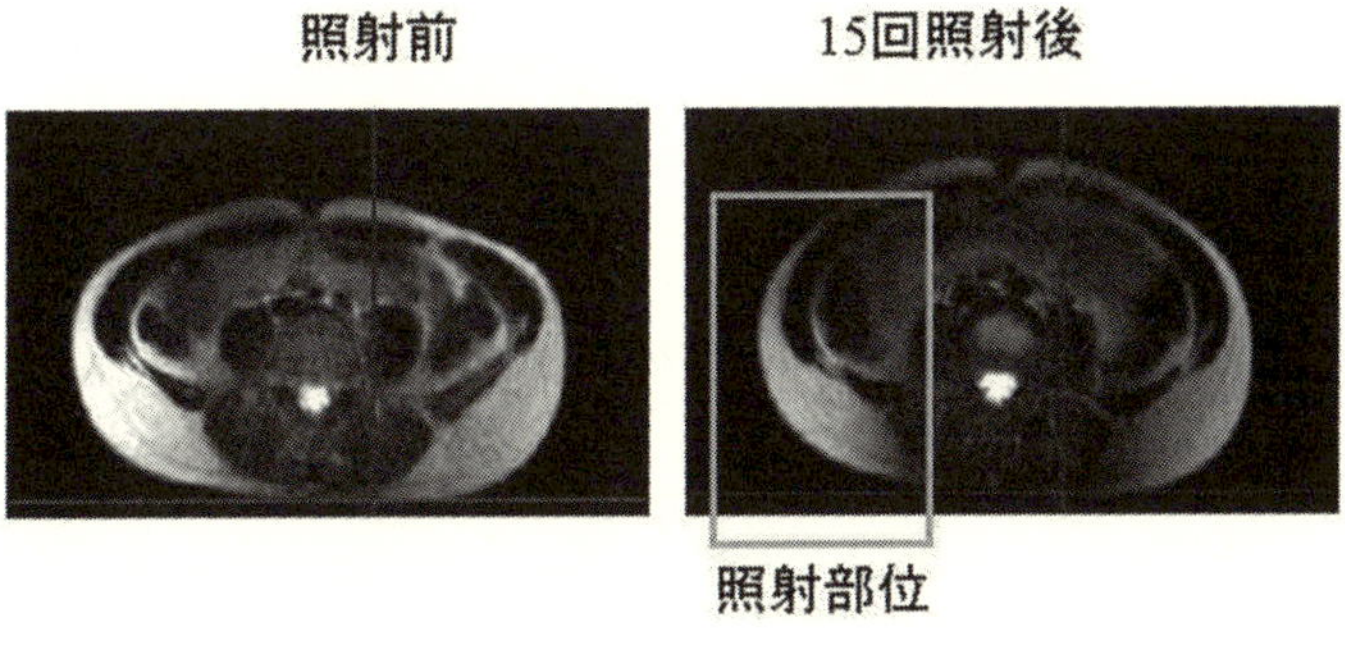

せんが、右は照射前より赤色で示した部分が減少しています。ちょうど照射パッドが貼り付けられた部位の脂肪が減少しているのです。脂肪の断面積全体で比較すると、最初より一九・五％最後の脂肪断面積が減少していました。

◆腹部側背照射のMRI像

腹部皮下脂肪は、背骨の左右の側背部が最も多い。国立精神神経センター武蔵病院、大西隆博士は、助手の二五歳の女性の腹部左側背部に、NARL音波を一〇分照射されました。特別の運動はされなかったようです。これを毎日一回、週五回、三週間―計一五回実施されました。その後でのMRI映像を、写真3に示します。

◆腹部、大腿部等超音波エコー断面図

超音波エコー図は局所の皮下脂肪厚の測定に便利です。数例をお見せしましょう。上の灰色は皮膚で、二ケの◀で挟まれた中間が脂肪、下が筋肉です。

◆多くのユーザーからの写真報告

最初の4～8例は照射後、運動は軽い歩行程度で、特に行ってはおりません。第9例TK氏は、約二〇分速歩をしています。最後の第10例は、運動の代わりにEMS（筋肉電刺激）を適用しています。

〔第１例〕

50歳女性ＢＭＩ＝19.5〔痩せ型〕腹部パッド２枚、左右大腿１枚ずつ。照射10分＋運動散歩20分、週１回×11週

腹部　　　　４回　　　　　　　　　　　　　　11回

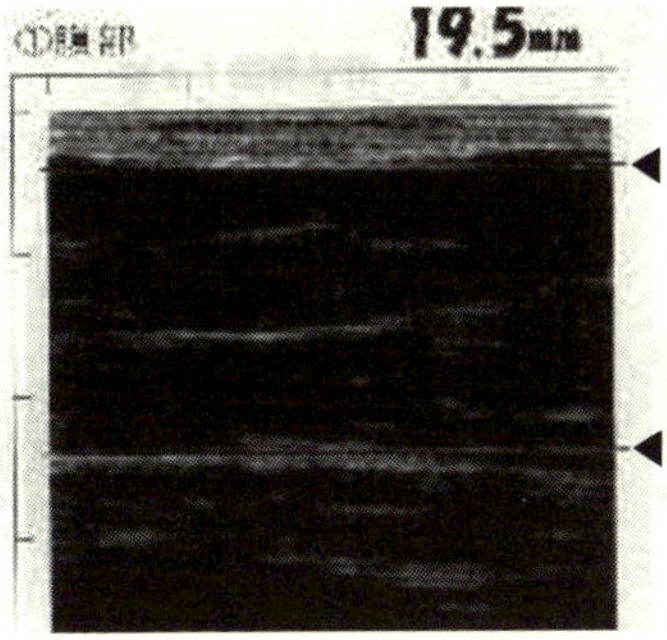

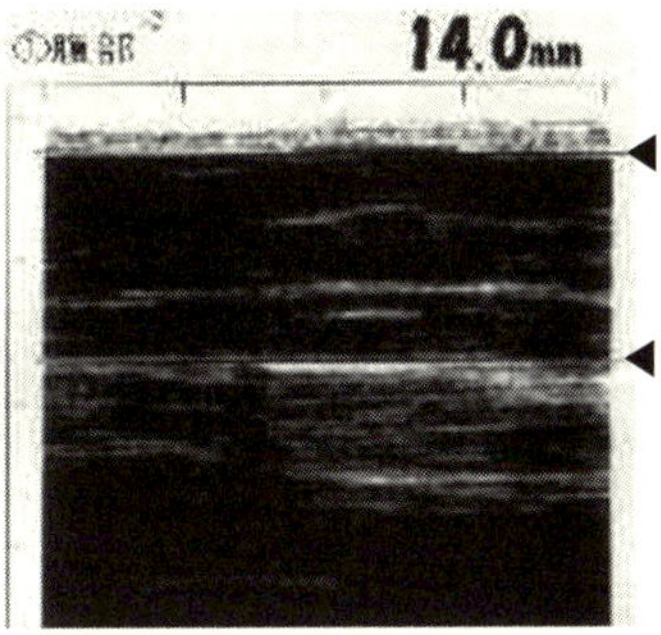

〔第２例〕

40歳女性ＫＹ　ＢＭＩ＝21.3　腹部照射

（パッド２枚10分＋軽運動10分）　週２回×12週

大腿後部　　　４回　　　　　　　　　　　　　11回

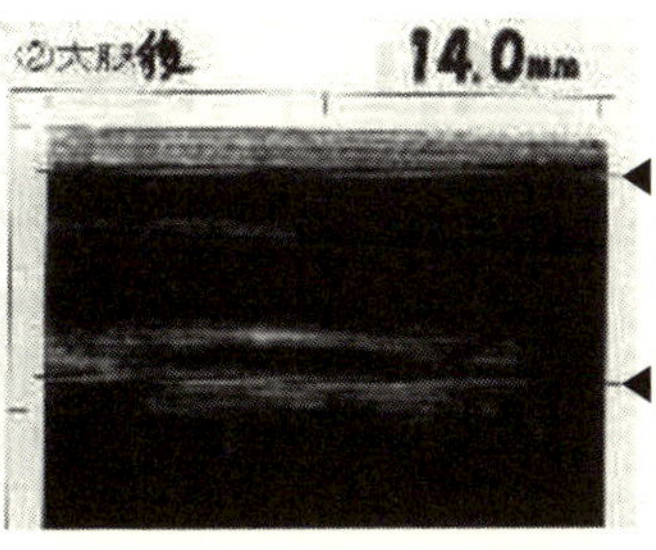

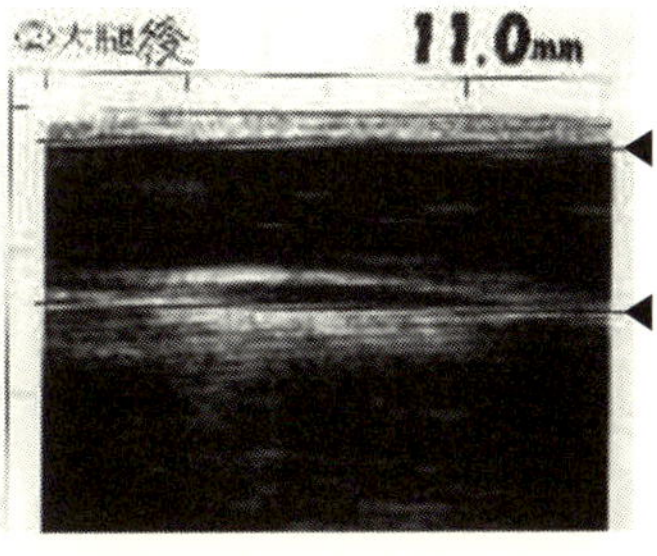

〔第３例〕

49歳女性ＢＭＩ＝20.9〔痩せ型〕　腹部パッド２枚、照射10分＋運動散歩20分、週２回×８週

腹部　　　　８回　　　　　　　　　　16回

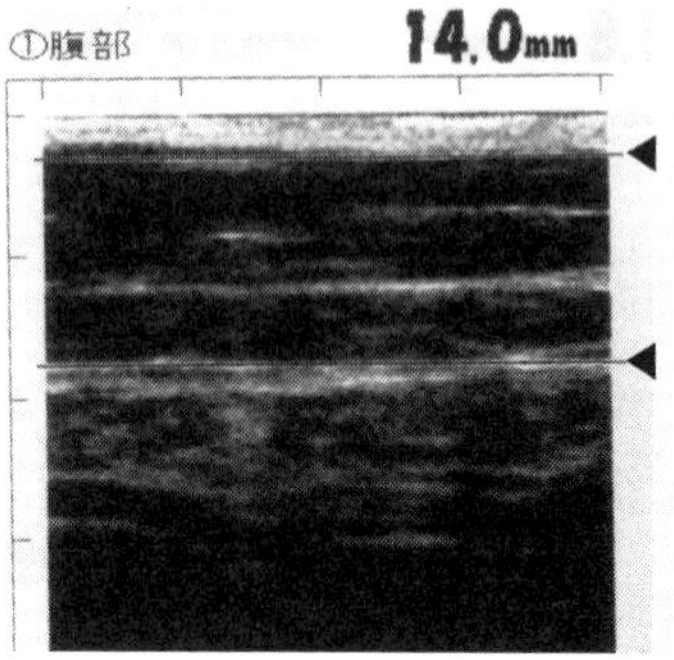

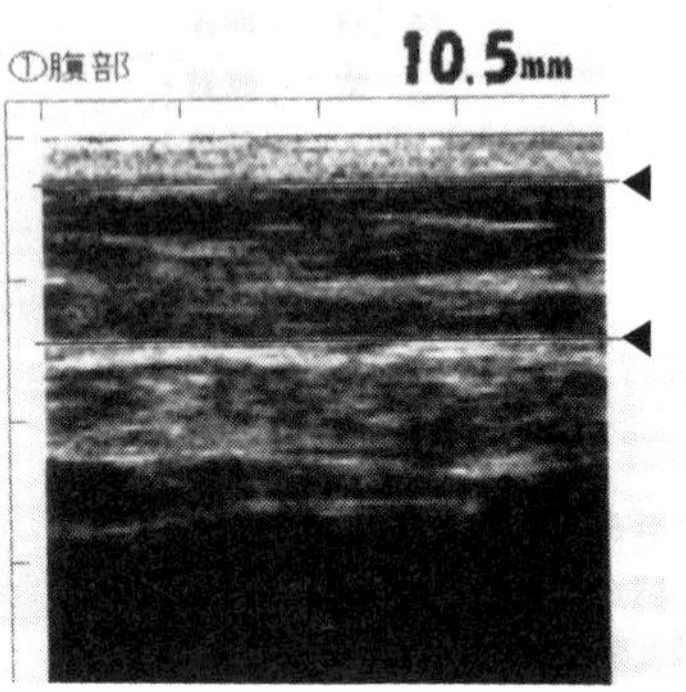

◆*写真の報告例*

〔第４例〕

男性66歳ＴＫ　腹部、大腿　20回／１月　茅ヶ崎整体様御提供

ウエスト周径99.0→92.0＝－7.0cm　大腿周径33.4→31.0＝－2.4cm

前　　　　　　　　　　20回後

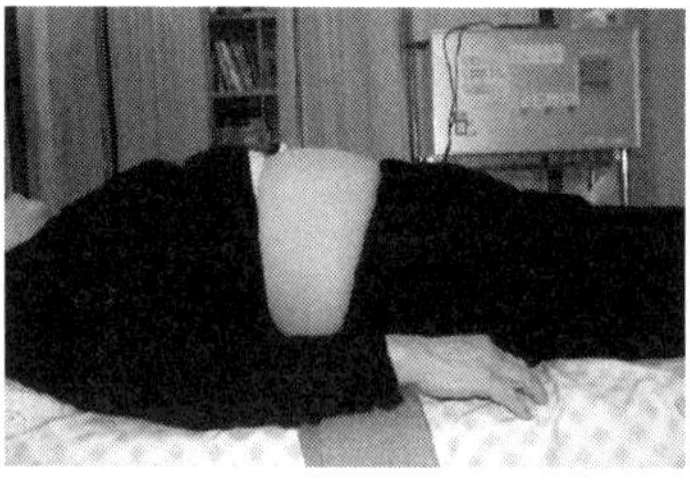

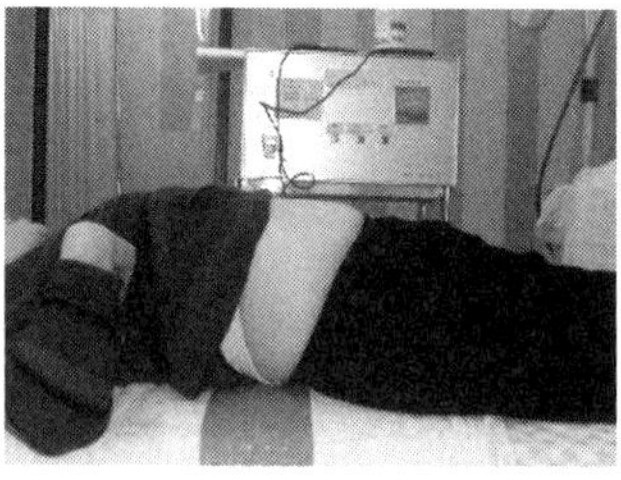

〔第5例〕女性ＫＮ（CR0013）　10回／２週間

茅ヶ崎整体様御提供

腹部と大腿

前

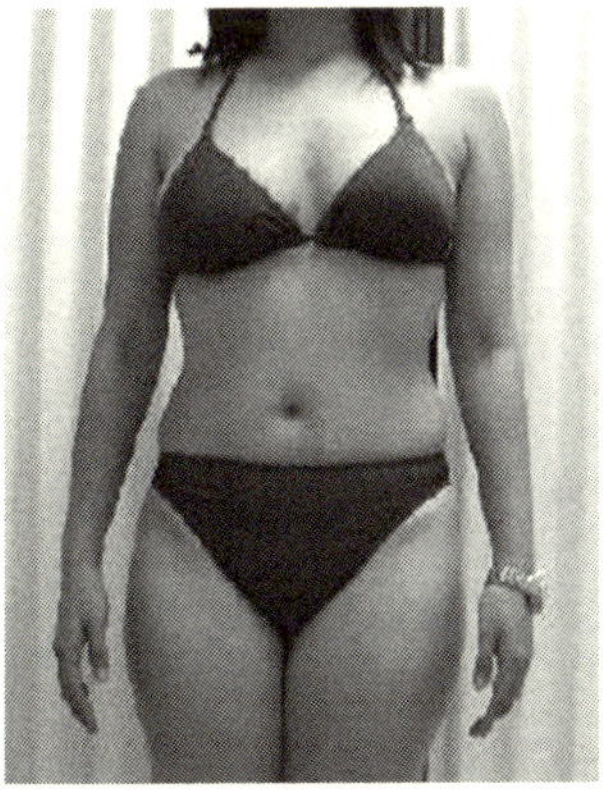

10回後

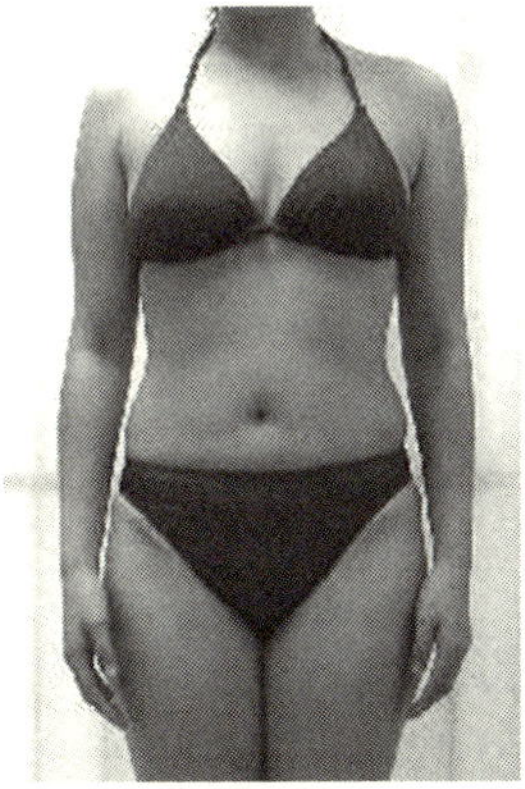

前

10回後

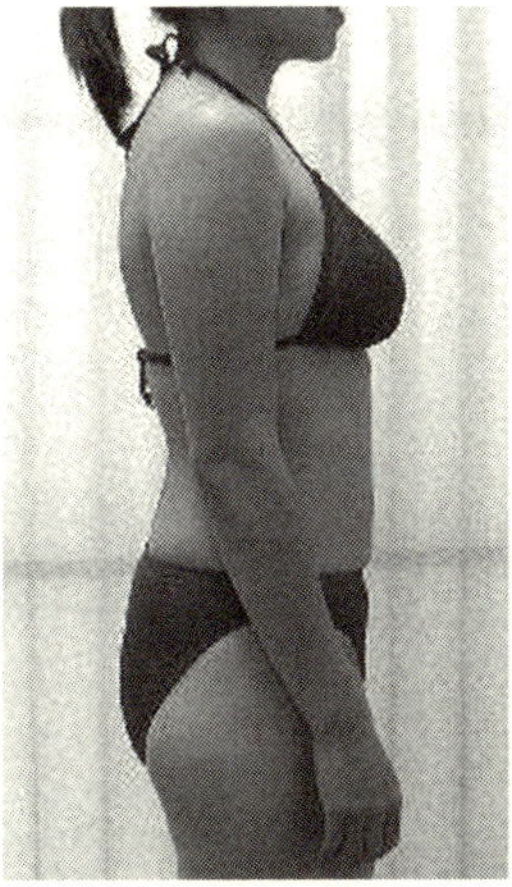

〔第６例〕48歳女性ＭＲ　BMI=25.7　腹部、大腿　20回／３ヶ月
ウエスト周径81.5→75.2＝－6.3cm 大腿周径55.5→53.5＝－2.0cm
イルヴィアール様、メディリィラボ様御提供

前　　　　　　　　20回後

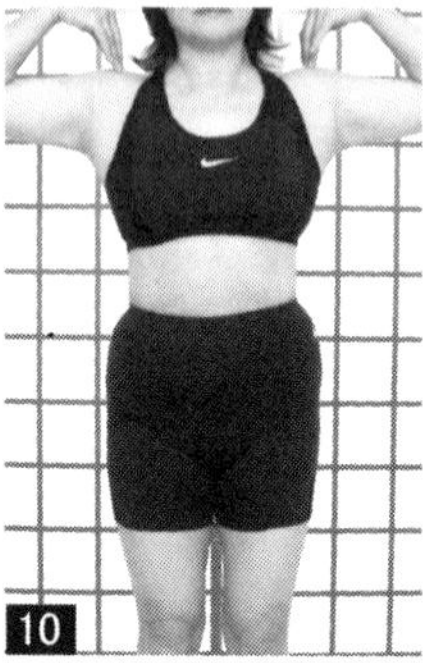

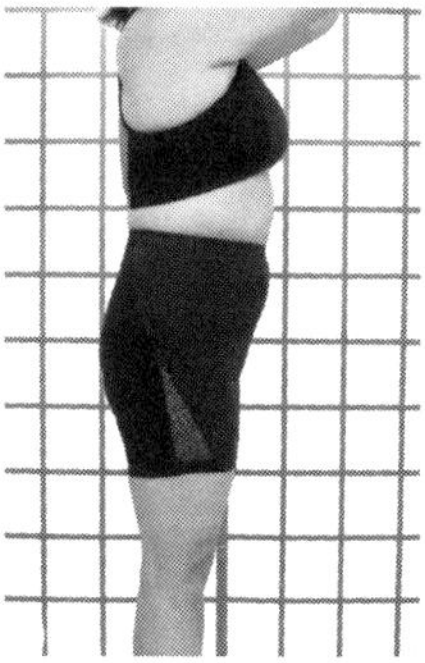

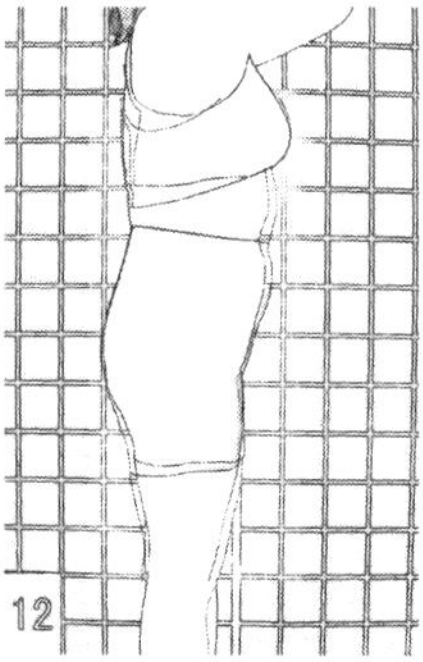

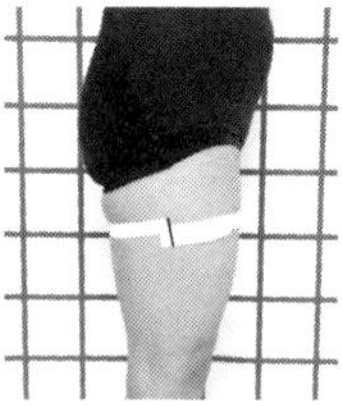

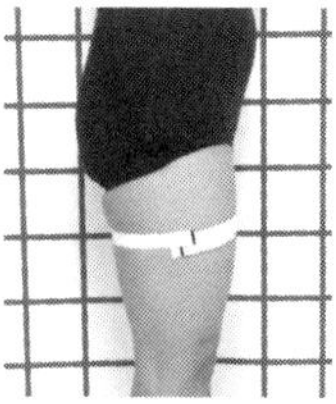

〔第７例〕35歳女性ＴＫ　ＢＭＩ＝　　　　腹部・大腿　25回／３ヶ月
ウエスト周径88.0→81.1＝－6.9cm 大腿周径58.0→56.5＝－1.5cm
イルヴィアール様、メディリィラボ様御提供

前　　　　　　25回後

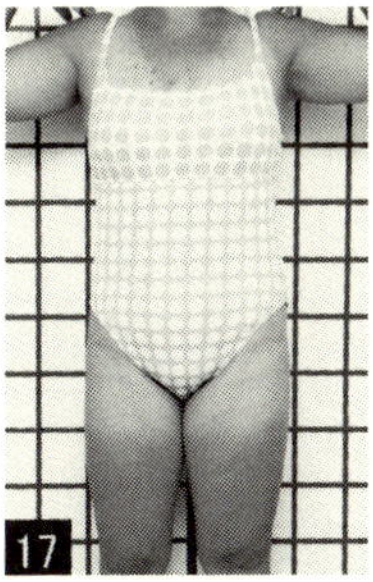

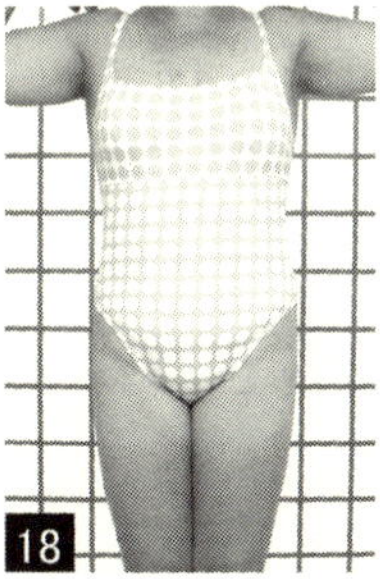

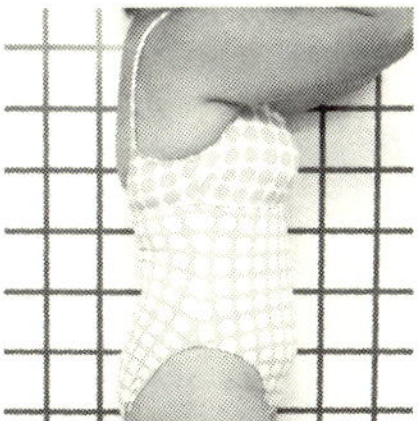

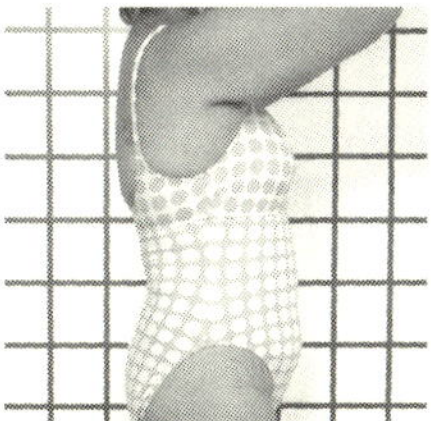

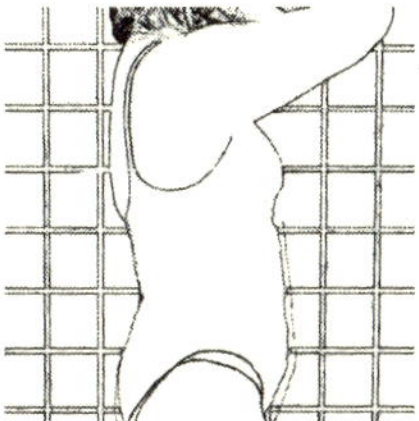

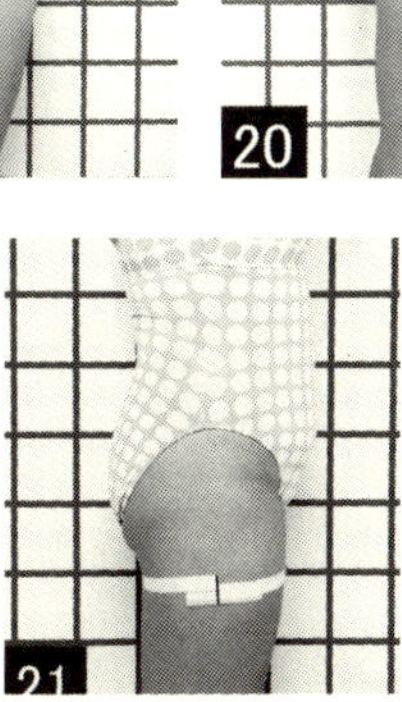

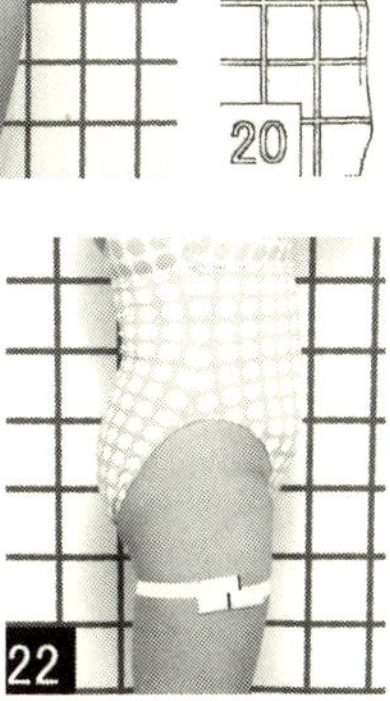

〔第８例〕

32歳男性　ＩＴ ＢＭＩ＝23.4　腹部　23回／３ヶ月

ウエスト周径81.5→75.0＝－6.5cm

イルヴィアール様、メディリィラボ様御提供

前　　　　　　　　23回後

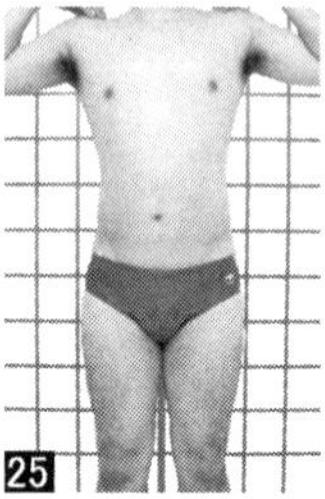

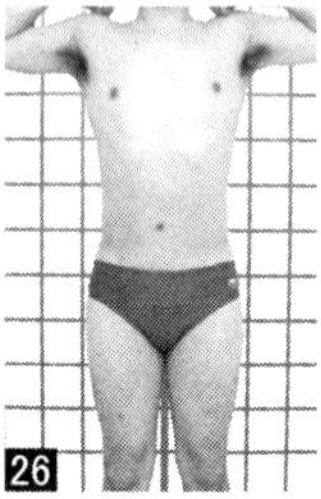

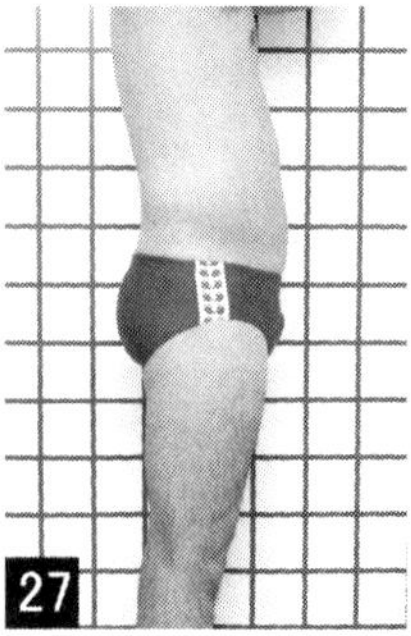

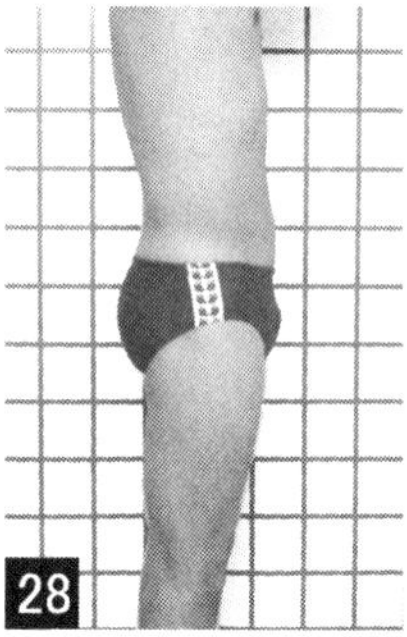

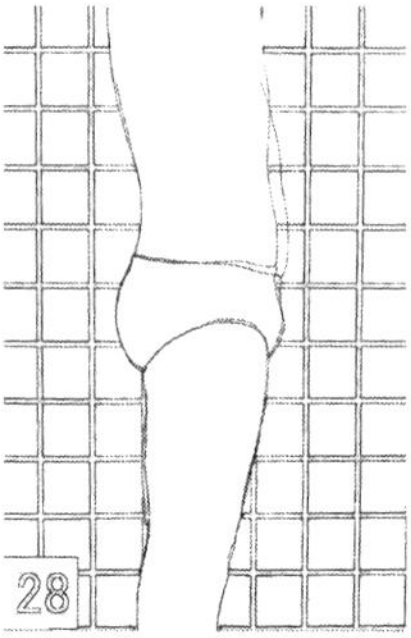

〔第９例〕
65歳男性ＴＫ　ＢＭＩ＝28　腹部26回／６週間　10分照射＋20分速歩
周径減少91→86＝5cm　　皮脂厚〔エコー測定〕13→5.5＝7.5mm
体重72.5→70.1kg　　身長160cm

11回照射　　　　26回照射

側面から撮影したお腹の写真（約３cmの変化）

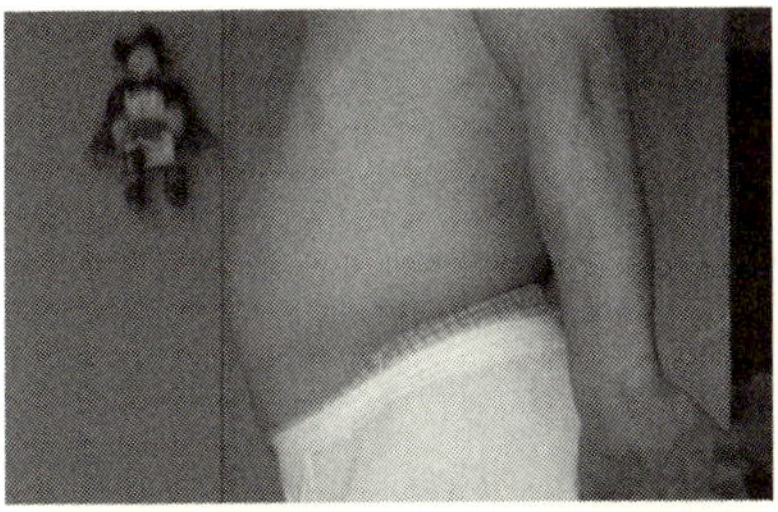

周径変化

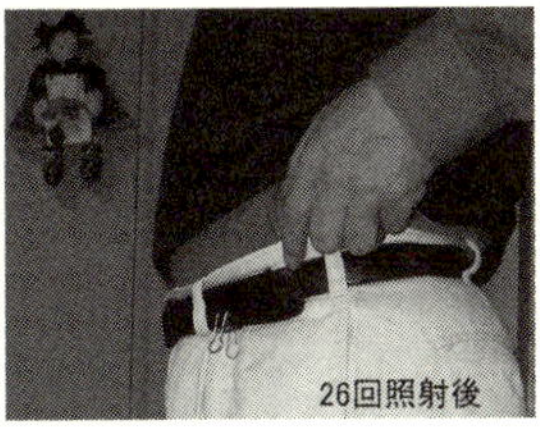

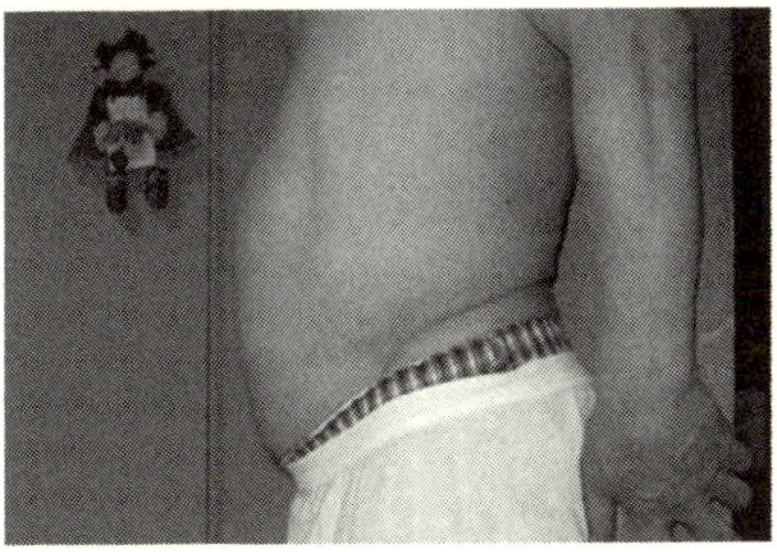

（註）　本試験終了後の成人病検診で昨年まであった脂肪肝が消滅していた。内臓脂肪にも効果があるかも知れない。

確認測定の肝／腎エコー図を示す。卵型は腎臓その左上は肝臓。脂肪肝では肝臓部が脂肪の反射で白く輝く。〔参考図の左端は脂肪肝、右端は正常肝〕

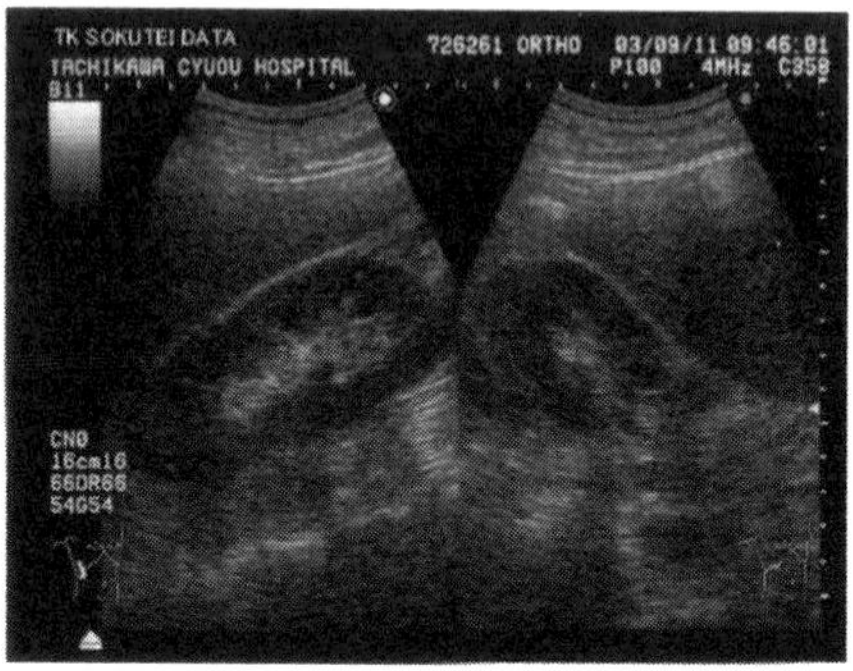

参考：脂肪肝判定法

（日経ヘルス2003年８月号55pより引用）

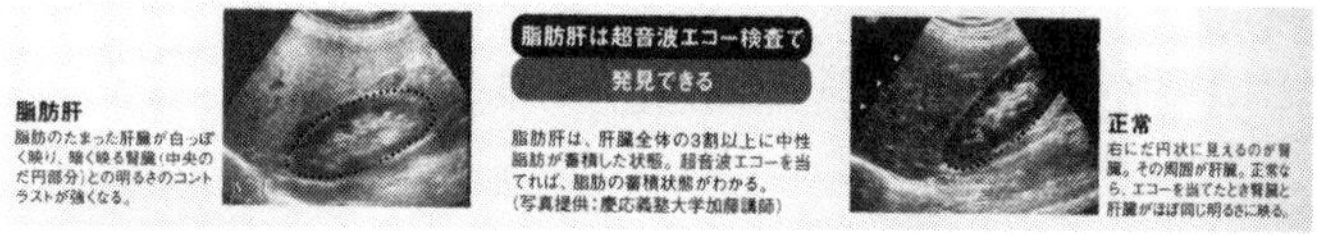

〔第10例〕
42歳健常な女性　身長160.1cm　　メディカルリッツ様御提供
11月17日（初回）　体重58.5　ＢＭＩ22.8
３月６日　　　　　体重54.5　ＢＭＩ22.3
「運動代替として」
ＮＡＲＬ超音波を上腹部と下腹部に10分間照射。同時に株式会社テクノリンク　エム　キューブ　ウェーブ=ＥＭＳ機器を背筋と左右の大腿四頭筋に40分使用。週3回　計12回／４週間

上腹部	74.1cm→68.8cm＝▲5.3cm
ウエスト部	70.4cm→67.2cm＝▲3.2cm
へそ回り	81.3cm→78.5cm＝▲2.8cm
へそ下	92.9cm→89.1cm＝▲3.8cm

使用前

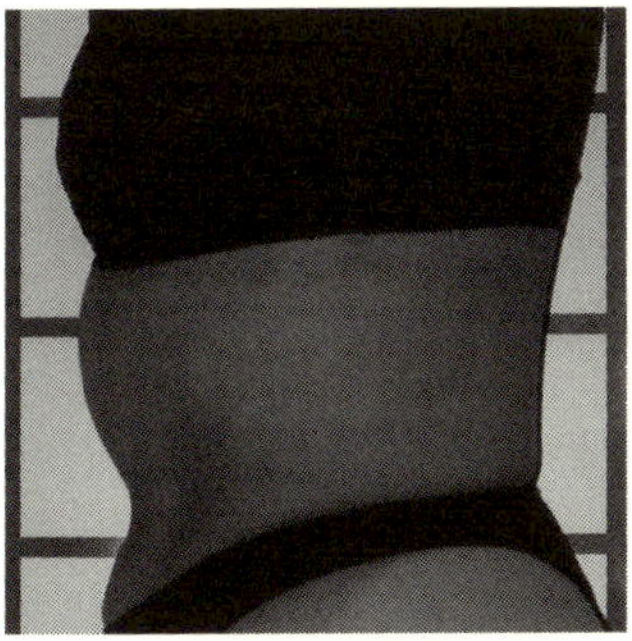

施術12回後

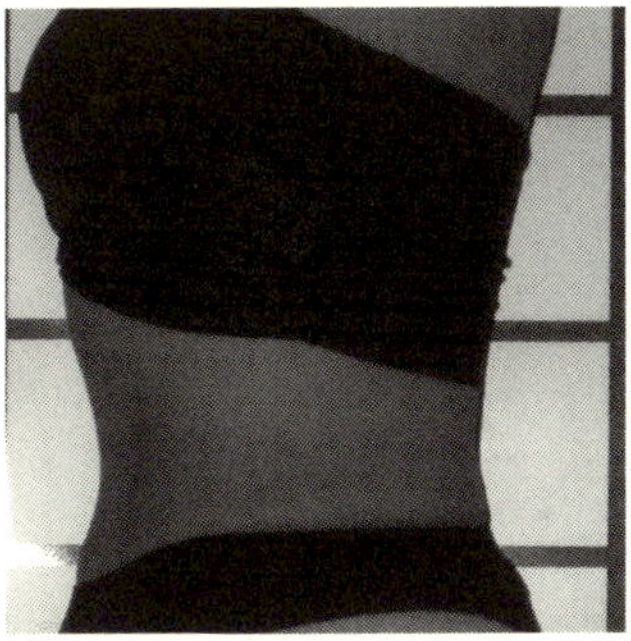

NARL超音波皮脂圧測定結果

使用前

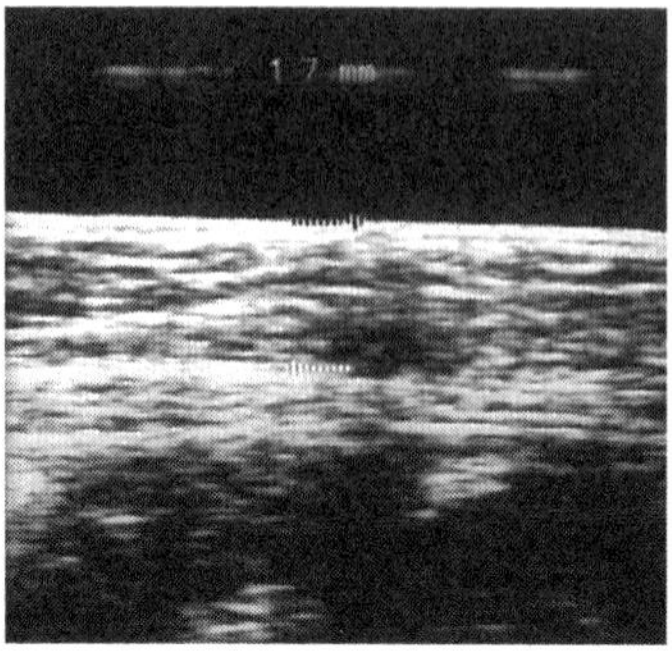

施術12回後

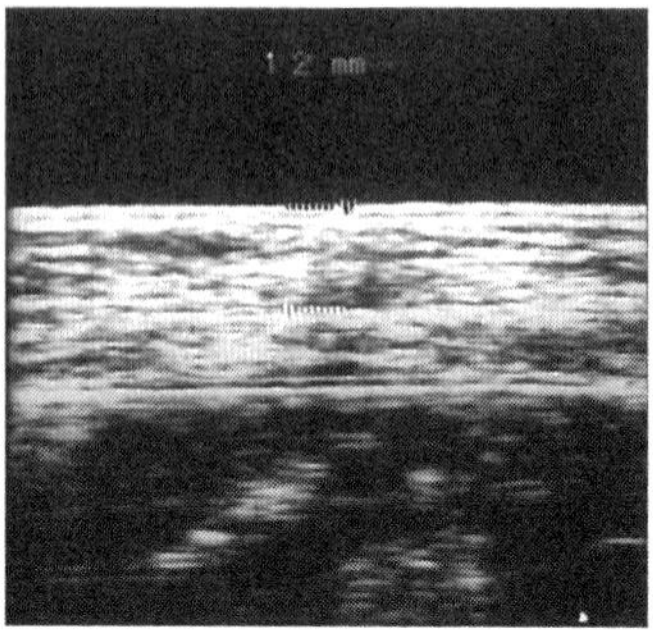

皮下脂肪５mm減、約30％減少

〈考察〉

M^3 wave＝エムキューブウェーブを用いたEMSが、深層からの筋肉運動を誘発することで、NARL超音波によって遊離された脂肪を、効率良く消費させたと考えられる。

今回の実験は、NARL超音波の効果が有効となるために、M^3 wave によるEMSが筋肉運動によって引き起こす脂肪消費が目的であったため、NARL超音波を装着する箇所以外にEMSを装着し、EMSによるサイズダウン効果と重ならないようにする必要があった。

よって、NARL超音波と同じ箇所でEMSを行った場合は、M^3 wave によるEMSの筋肉強化による引き締め効果も重なり、更なるサイズダウンが見込めると考えられる。

3　NARL超音波機器—ソニックスリム

◆「照射パッド」と「駆動回路部」で構成

こうした痩身効果のあるソニックスリムは、微弱な超音波を照射した部位だけがスマートになる美容・健康機器で、二枚の照射パッドと駆動回路部で構成され、照射パッドは超音波ゼリーによって体表にピッタリ固定されます。

パッドによる超音波の照射面積は２０×１３cmで、複数の振動子がモザイク状にゴムシート内に配列され、厚さは約１０mm。人体の表面と良好な密着度を保つため柔軟で伸縮性に富み、超音波ゼリーを介して体表に装着し、装着ベルトで固定して使用します。

また、駆動操作部の操作は色分けされた押しボタンスイッチで行うため簡単で、NARL超音波の周波数や強度は最適な状態に初期設定されているので、調整する必要はありません。照射時間のタイマー設定も簡単で、一度設定すれば繰り返し使用できるようになっています。写真４、オプションとして、写真５のような専用カートも用意しましたので、必要に応じてご利用になってください。

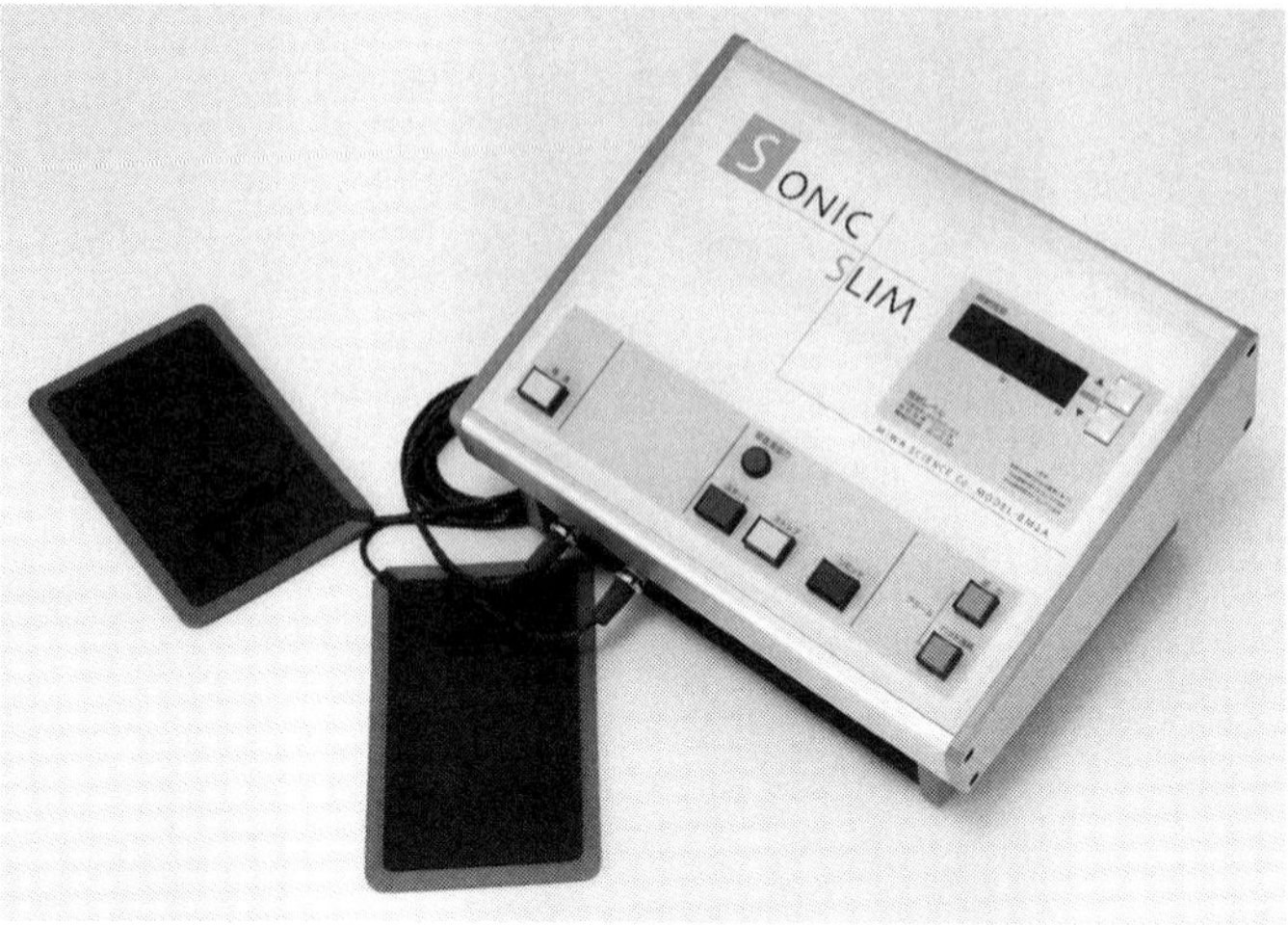

▲写真 4

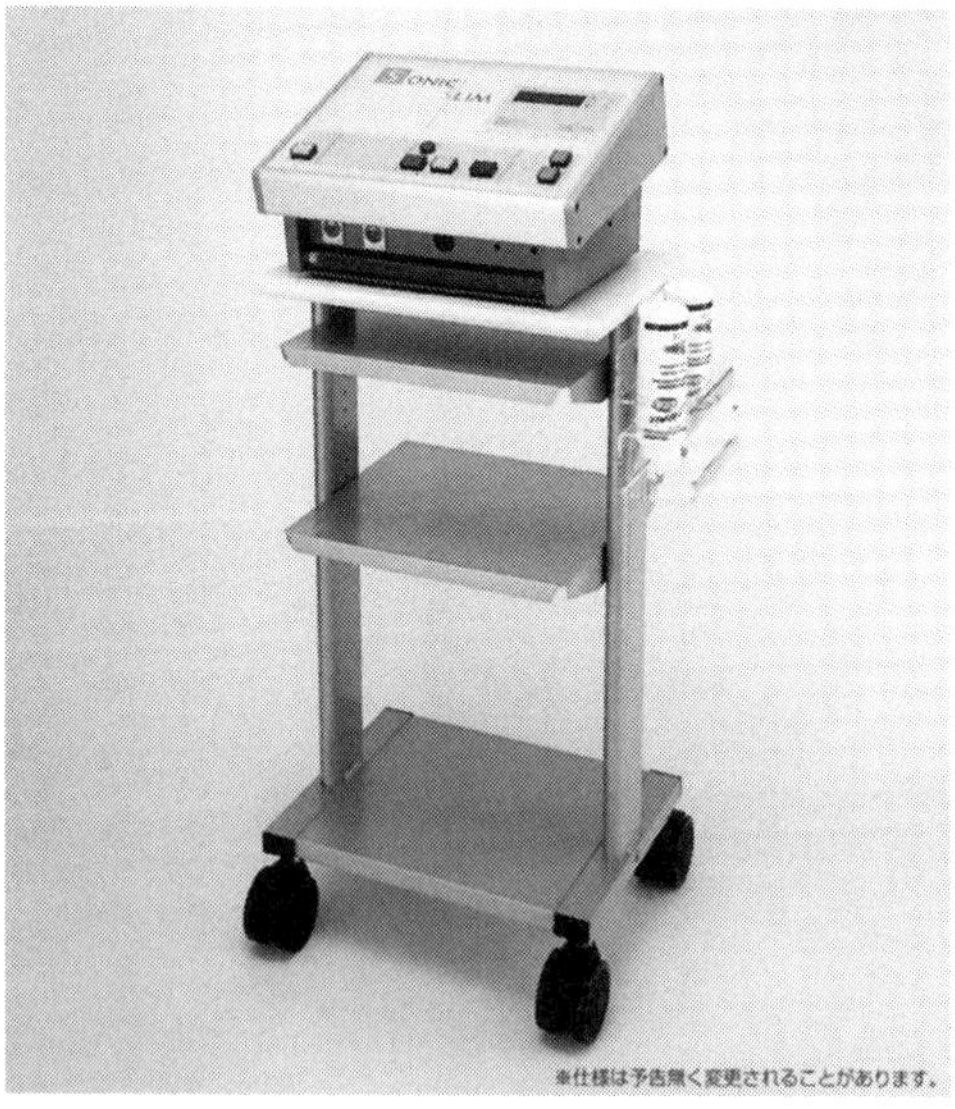

▶写真 5

◆ご使用に際しての注意

「ＮＡＲＬ超音波」の優れた〝部分やせ〟効果は、日本肥満学会で発表されただけでなく、ＥＵや米国肥満学会でも多数発表され、国際的な学術誌 Pathophysiology に論文が掲載されましたが、「ソニックスリム」の使用に際しては、以下のことに注意していただきたいと思います。

①照射パッドは、文字が印刷されていない側を体表に当てるようにしてください。ソニックスリムは、施術者の手に無用な超音波が照射されないように、文字が印刷された側からは超音波が出ないように設計されているので、正しく装着してください。

②超音波を照射する体表に、十分ゼリーを塗ってください。超音波は、パッドと体表の間に空気の層が少しでもあると、そこで反射されて体内に入らないので、超音波ゼリーを十分塗って空気を排除する必要があるのです。

③超音波の一回当たり照射時間は、約一〇分が最適です。超音波によるノルアドレナリンの放出量は、照射開始後五分程度で最大になりますが、一五分ほどで減少します。したがって一〇分程度の照射が最適で、ラットの全身に照射した実験では、一〇分の照射で血中の遊離脂肪酸が約二倍に増えています。

④超音波の照射後には何らかの運動が必要です。個人差がありますが、日頃運動してい

る人は時速6km程度で約一五分、あまりしていない人は時速3kmで、二〇～三〇分程度歩くようにしてください。超音波の照射で血中に生成される遊離脂肪酸を放置しておくと、体内の太りやすい部位で脂肪に変わってしまうので、照射後に運動して消費する必要があるのです。

また、運動は筋肉を増強し、筋肉はエネルギーを消費しますので、日常の安静時代謝（静かに座っている時のエネルギー消費）も増加し、遊離脂肪酸を消費します。これは運動をしていない時にも作用するため、積算消費量は大きくなります。

⑤照射後の運動に代わる有効な方法にはさまざまな可能性がありますが、全てはまだ十分確認できていません。「ソニックスリム」の発売開始後、各地でEMS（電気筋肉刺激）と併用され、多くの成功例が報告され、33頁の第10例で科学的確証が得られました。

このほか、トウガラシの辛味成分であるカプサイシンや、各種脂肪燃焼促進剤の併用、低カロリーダイエットや脂肪吸収阻害剤、水浴や温水浴の活用などがあげられますが、それらとの相乗効果は今後の課題となっています。

◆ソニックスリムの安全性について

次に、ソニックスリムの安全性について言えば、当機が使用する「NARL超音波」は、世界で最も権威のある米国FDA（食品薬品管理局）の安全指標TI、MIの両面で、最も安全な周波数と強度の範囲内にあります。

「ＴＩ」（熱的指標）とは、超音波の振動によって発生する摩擦熱による生体組織の温度上昇の指標で、周波数と強度が関係します。

たとえばＴＩ＝２とは、超音波の連続照射によって組織内の温度が２℃上昇することを意味し、ヒトにとって十分安全な範囲はＴＩ＝２以下だと、言われています。その点、ソニックスリムのＮＡＲＬ超音波はＴＩ＝０・３なので安心です。

また、「ＭＩ」（機械的指標）とはキャビテーション（空洞）と呼ばれる現象で、生体の組織が破壊されるかどうかの指標です。超音波というのは、一気圧を中心とした音圧の正負の振動ですが、音圧が一気圧に近づくと正のサイクルは二気圧になり、負のサイクルは〇気圧、すなわち真空に近くなります。そして真空状態になると、体液中に溶けているガスが遊離して気泡（キャビティ）ができます。

この空洞化現象は周波数が低く、音圧が高いほど強く発現しますが、次の正のサイクルで気泡が押し潰されると衝撃波が発生し、その付近の生体組織が破壊されてしまいます。

その衝撃波は強力で、工業用の超音波洗浄器などに利用されていますが、体内で起きると、健康な細胞を破壊する恐れがあるので注意しなければなりません。

ＭＩも、超音波の周波数と強度で決まることはＴＩと同様ですが、ヒトも含めて、哺乳類が耐えられる安全値はＭＩ＝０・３以下とされ、一瞬でもこの値を超えることは許されません。

この点でも、ソニックスリムの値はMI＝0・08なので、まったく心配はいりません。ちなみに、これまでにソニックスリムの実用試験を行った範囲内で、超音波の照射中や照射以後、人体に異常はありませんでした。また、エステティックサロンなどの納入先からも、何らかの異常の報告はありません。

さらに、慈恵医科大学で腹部に超音波照射の実験を行いましたが、照射前と照射後の生体機能を代表する血液成分を比較したところ異常は発見されず、試験から四年経過した時点でも異常は出ていません。

このようにソニックスリムのNARL超音波は、安全性の観点でまったく無害ですが、他社の超音波美容器や健康器にはTIやMIの表示がほとんどなく、安全性に疑問のある製品が数多く見られます。その利用に当たっては、かならずこれらの表示を確認されるようお勧めいたします。

4　他の超音波機器とどう違うか

では、こうした安全面も含めてソニックスリムの他の超音波機器との違いは、どこにあるのでしょうか。

その一番の違いは、①科学的に正しく解明された原理と、実証された有効性があること、②特定の周波数と強度でのみ有効で、その範囲の特許を得ていること、③一度に照射できる面積の広いこと、④人体に無害な安全性を確保していることの四点です。

◆科学的な原理に基づき、有効性を実証

まず、①の科学的な原理と実証ですが、ソニックスリムは五年に及ぶ原理的な基礎研究と、ラット及びヒトでの実証試験において驚異的な結果を出しています。

これまでのヒトに対する実験で、もっとも精度の高いデータが出たのは、平成二年に慈恵医科大学健康医学センターで行われた腹部への照射実験です。この実験には、実際にNARL超音波を照射する対象者が一一名、照射しない対象者が一〇名参加し、前者にはお

へその右側5cmの位置に毎日一回ずつ週に五回、一〇分間照射し、エアロバイクで約一五分、約60kcal消費する運動を行ってもらいました。

その結果、照射した部位の体脂肪の厚さは明らかに減少し、最終日の一六日目の減少率は平均値で12%、多い人で22%も減少したのです。中には、5%以下の減少率しか示さない人もいましたが、これは個体の体重差と生活習慣の違いが出たと思われます。

いずれにしても、他の超音波機器には痩身を科学的に実証したデータが見当たらず、照射直後一時的に脂肪が減少したように見えても、翌日には以前と同じ状態に戻っている場合もあります。

日本肥満学会の前理事長で、国立栄養研究所前所長の井上修二共立女子大教授は、〝部分やせ〟を実現するという在来のマッサージ器や化粧品などの効果について、「細胞の成分の約20%を占める水分が一時的に排出されるだけで、脂肪細胞に変化はない」と論評されています（日本経済新聞／二〇〇二年八月八日夕刊より）。

◆特定の周波数と強度で特許取得

次に、②の特定の超音波ですが、現在の市場には美肌や血流促進、皮膚のシェイプアップを図るため、安全性に問題がある1MHz以上の高い周波数と、1W／c㎡以上の強度を用いる超音波機器が発売されています。また、ソニックスリムの模倣品として、特定の周波数や強度を表示しない〝海賊版〟も出回り、痩身効果を標榜しています。

　これに対してソニックスリムは、特定の範囲の周波数と強度の組み合わせで正式に特許を取得し、実際の商品では、最も部分やせ効果のある517kHz付近の周波数と、約10mw／c㎡の照射強度を採用。生体に共振的に作用する周波数と、ほど良い強さの強度によって、驚異的な部分やせ効果を発揮するように設定されています。
　③の広い照射面積については、NARL超音波の強度が微弱でTI（熱的指標）が低いため、組織内の温度が急激に上昇する危険がないので、広範囲の体表を約一〇分という短時間で照射できるメリットがあります。
　ソニックスリムの標準照射時間内での照射面積は、照射子の付いた照射パッド二枚で460c㎡となりますが、他社の照射パッドの面積は狭いので、体表の必要な面積を照射するには、何度も位置をずらして、かなりの長時間照射しなければなりません。

　また、他社の製品の照射強度は強すぎるため、TI（熱的指標）に問題があるので、連続使用ができず、自動間欠動作になっていて、時間当たり利用率が下がる傾向にあります。このため、長時間照射しなければなりませんが、これではエステティックサロンなどで、顧客の回転率が悪くなってしまいます。
　④の安全性については前述したので省《はぶ》きますが、以上でソニックスリムの、他社製品には見られない優れた効果と実用性がお分かりいただけたかと思いますが、さらに詳しくお

知りになりたい場合は、当研究所のホームページ（http://www.miwa-science.co.jp/）をご覧になってください。

実際にソニックスリムを導入されたユーザーから、次のようなおほめの言葉をいただきましたので、そのうちのいくつかを掲載させていただきます。

◆多くのエステティックサロンから称賛の声

〝当店では、お車で来店される方が多いので、ソニックスリムの照射後に、エアロバイクを一〇分以上してもらっています。今まで一番効いた方は、一六回の照射で、ウェストが10cm近く減少しました。この方は背が高く、いわゆる寸胴《ずんどう》タイプの方でしたが、照射終了後は、後ろから見ても、ウェストにきれいなラインが出ていました。このほか、多少の個人差はありますが、ほぼ皆さんに効果が出ていますので、お客様からも好評です。「男性専科」というのも作りたいと思っているほどです〟（「ファーマシーはぎわら」様）

〝ソニックスリムを導入して、約二ヶ月になります。思っていた以上の効果に、お客様も私どもスタッフもビックリしたり、喜んだり！　おかげさまで売り上げも順調に伸びています。本当にありがとうございました〟（エステティックサロン「たんぽぽ」様）

〃おかげさまで、お客様からも大好評です。早い方では、七回程度の照射でも、効果が確認できています。本当に良い商品を仕入れることができてよかったねと話しています〃（「銀座コスモプロフ／池袋店」様）

〃一回一回照射するたびにお客様から、また施術者としても以前とは違う感触があり、とくに二の腕などは二回の照射で、あきらかに締まったような感じが確認できました。お客様からも好評です〃（エステティックサロン「華空間」様）

〃効いていると思います。コースメニューの中に入れていますが、ソニックスリムをコースに組み入れている方と、入れていない方とではサイズダウンの早さが違います。週三回三ヶ月通われた方で、太ももの周囲が５ｃｍ減った方もいらっしゃいました。太もとお腹では本当によく結果が出ています〃（エステティックサロン「美・らいん／下通店」様）

〃ソニックスリムは効《き》いています。組み合わせメニューによる相乗効果もあり、より早く効いているのではと思います。メジャーで採寸し、写真をお撮りしていますが、照射前とはっきり違いがわかる方もいます。ふくらはぎがむくみやすいので、その部分に照射している方がいますが、何回か照射すると、照射前と違う締まったような感じになります〃

（メディカルエステ「リジュー／船橋店」様）

〝うちの場合は、週二〜三回照射されている方が多いようです。メジャー採寸なので、誤差もあるかと思いますが、それを割り引いてもよくサイズが減少しています。

数字ではっきり結果が出ているので、お客様からも好評です。体質によって、やせにくい方もたまにはいらっしゃいますが、ほぼ効いていると言えますね。今までも組み合わせのコースメニューでしていましたが、ソニックスリムをコースの中に組み入れたことで、より早くサイズダウンできることが確認できました〟（エステティックサロン「アンレジーム」様）

〝お客様のご希望で、お顔にも照射を始めました。ソニックスリムは、EMSとのセットメニューにしていますが、セルライトが消えています。本日は、一ヶ月ちょっとの期間に、一一回照射されたお客様のウェストが3〜4cm減少していました。よく効いていると思います〟（エステティックサロン「プライムローズ」様）

［第2章］太りすぎに悩む現代人

～美しいボディラインへの夢～

1　恐るべき肥満者の増大

◆世界中で「太った人」がどんどん増えている

最近の調査によれば、世界中の「太りすぎ」の人と栄養失調の人の数はほぼ同数となり、ともに一二億人に達したそうです。

これは、米国のワールドウォッチ研究所が平成一二年（二〇〇〇年）三月に発表した数字で、世界保健機関（WHO）などの国際機関の統計によると、世界の栄養失調者数は、一九八〇年以来減り続けていますが、肥満者の人口は急増しています。

この傾向は、欧米などの先進国だけでなく、ブラジルやコロンビアなどの発展途上国でも進み、太りすぎの人が急速に増加。調査を担当したワールドウォッチ研究所のゲーリー・ガードナー氏は、「飢えと肥満のどちらも病気や寿命の短縮を招き、国家の生産性の低下につながる」と警告しています。

もちろん、こうした傾向は、日本といえども例外ではありません。

厚生労働省が平成一〇年（一九九八年）に実施した国民栄養調査によれば、日本肥満学会が定めた「ＢＭＩ」（＝体格指数、算出法は後述）という基準で、「肥満」と判定された一五歳以上の男性は一三〇〇万人、女性は一〇〇〇万人の計二三〇〇万人で、全人口の約二割を占めています。

とくに男性は三〇代からの肥満が深刻で、同世代の男性の三人に一人が「肥満」か「やや肥満」。四〇代から五〇代になると、さらにその比率が高まり、四割弱の男性が「肥満」か「やや肥満」になっています。

こうして、肥満者の割合が増えるのにしたがい、糖尿病や高血圧、高脂血症など、肥満にともなう合併症も増加するので、男性は三〇代になったら体重の増加に気をつけなければなりません。

◆世界一の「肥満国」はどこ？

ところで現在、世界で一番太った人が多いのはどこの国か知っていますか。

それは、南太平洋のミクロネシア連邦ナウル島です。

この島は伊豆大島の四分の一ほどの大きさで、人口は一万人ほどですが、地表面に何層にも及ぶ海鳥の糞が堆積しています。つまり、島全体が化学肥料の原料となるリン酸塩で覆われているのです。

ナウル島の地場産業は漁業と農業でしたが、島に堆積したリン酸塩を採掘して販売し、高収入を得るようになってから、漁業や農業をやめてしまいました。

そして、海産物と野菜が中心だった伝統的な食事は、コーンビーフやポテトチップス、アルコールなどをたくさんとる欧米流の食生活に変化。その結果、島民の体型が急速に変わり、一九九四年の調査によれば、ナウル島の成人男性の８０％、女性の７８％が、肥満度の指標であるＢＭＩ３０以上という、いちじるしい肥満体型になってしまいました。しかも、そのうちの約三割が肥満の合併症の糖尿病を併発したと報告されています（ナツメ社刊『図解雑学／なぜ太るのかやせるのか』より引用）。

◆「上半身肥満」と「下半身肥満」

一口に「肥満」と言いますが、太りすぎには上半身に脂肪がつく「上半身肥満」と、下半身が太る「下半身肥満」があります。

上半身肥満の体型はリンゴに似ているので「リンゴ型肥満」、下半身肥満の体型は洋ナシに似ているので、「洋ナシ型肥満」と呼ばれます。この二つのタイプを区別するには、ウェスト（ヘソ回り）とヒップ（腰回り）の比率を測定する方法があり、その数式は以下のとおりです。

［ウェスト（cm）÷ヒップ（cm）＝X］

このXの標準値は、男性で0・9〜1、女性で0・8〜0・85で、数値がそれ以上大きくなれば「上半身肥満」、小さくなれば「下半身肥満」と判定されます。

なお、上半身肥満は皮下脂肪が多い「皮下脂肪型肥満」と、内臓の周囲に脂肪がたまる「内臓脂肪型肥満」に分けられ、さまざまな合併症を起こしやすい肥満は、後者の「内臓脂肪型肥満」だと言われています。

一九九九年に発表された日本肥満学会の基準によれば、男性ではウェストが85cm以上、女性では90cm以上の場合、「内臓脂肪型肥満」の可能性があります。最近はCTスキャンによる断層撮影で、内臓脂肪の蓄積量を正確に測定することができるようになりましたが、腹部の断面脂肪面積が100c㎡以上ある場合、「内臓脂肪型肥満」と認定されます。

◆皮下脂肪と内臓脂肪が引き起こす病気

最近の研究によれば、高血圧や高脂血症、糖尿病などの生活習慣病は、上半身肥満のうちでも、「内臓脂肪型肥満」が温床になることがわかってきました。

高血圧は、あまり自覚症状がありませんが、これを放置すると血管の動脈硬化が進み、悪化すると、脳卒中や心筋梗塞《しんきんこうそく》などの重篤《じゅうとく》な病気を引き起こすため、早めに対処する必要があります。

日本高血圧学会が定めたガイドラインによると、高血圧と診断されるのは最大血圧が140mmHg以上、あるいは最小血圧が90mmHg以上の場合で、軽症、中等症、重症の三つに分けられます。

そこで、血圧と肥満の関係を調べると、明らかに高血圧は体重と関係していることがわかります。「BMI」が25以上の四〇～六〇代の男性の高血圧の頻度は、肥満度がそれ以下のグループの1・7倍になっています。また米国の調査でも、肥満患者が高血圧症を合併する頻度は、肥満でない人の1・5～3・7倍に達すると報告されています。

次に高脂血症ですが、私たちの体内を流れる血液には「脂質」が溶け込み、さまざまな働きをしています。脂質は「コレステロール」と「中性脂肪」に大別され、前者は細胞膜の原料やホルモンの材料となり、後者はエネルギー源として欠かせません。

ところが、これらの物質が血液中に必要以上に増えると、血液がドロドロになって、血管の中が狭くなる動脈硬化を起こします。それが心臓の血管に起こると、狭心症や心筋梗塞となり、脳の血管に起こると脳梗塞になるのです。

こうした病気を予防するには、総コレステロール値や中性脂肪値が高すぎないよう、またHDL（善玉）コレステロール値が低すぎないようにコントロールする必要があります。そのためには、食生活を改善して「過食」をやめ、適度な運動によって、適正体重を維持することが基本になります。なるべくコレステロールの多い食品を避け、食べすぎないように総カロリーに注意することも大切です。

◆日本肥満学会が異例の宣言

昔から〝肥満は万病の元〟と言われますが、平成一一年（一九九九年）一〇月に開催された「日本肥満学会」（会長／井上修二共立女子大学教授）では、肥満が高血圧や糖尿病などの合併症を併発し、国民の健康を脅《おびや》かしているとして、政府に対して、太りすぎを防ぐ運動に積極的に取り組むよう求める異例の宣言を行いました。

この宣言によれば、日本人の肥満者は過去三〇年で二～四倍に増え、生活習慣病の高血圧や高脂血症、糖尿病患者の三～六割は肥満が原因であると推定。日本人は「ＢＭＩ」が２５以上になると、各種の生活習慣病を起こしやすくなるため、数値が２５以上で高血圧や高脂血症、高血糖がある場合は、「肥満症」とみなすように提案しています。ちなみに現在、ＢＭＩ２５以上の男性は２１％、女性は１９％にのぼります。

同宣言は、〝こうした危機は国民の身体活動の低下と、食生活の変化を反映している〟

と指摘し、ライフスタイルの改善による減量のほか、肥満に対する正しい知識や医療体制の強化など、総合的な対策を講じるよう国などに要請しています。

同様の宣言は、二〇〇三年に開催された「世界肥満学会」でも、二〇〇四年開催の「北米肥満学会」でも出されています。

◆糖尿病と肥満には深いつながりがある

肥満によって併発される生活習慣病の中でも、とくにこわいのは糖尿病です。とりわけ「二型糖尿病」は、血糖値を下げる働きを持つインスリンというホルモンが効きにくくなる病気で、肥満になるとこの効きにくいインスリン抵抗性が生じて、糖尿病を発症することがあります。

一九九八年三月、厚生省が発表した全国調査によれば、糖尿病と疑われる人の約八割が標準体重を越えていました。糖尿病になると、食べ物の総カロリーを制限し、バランスのとれた食事と運動療法を続けることになりますが、糖尿病を疑われる人のうち、治療を受けていない人は55%に達しました。

また、糖尿病を強く疑われる人の約53%、可能性を否定できない人の約37%が、過去に肥満状態だったことが明らかとなり、糖尿病と肥満との間に因果関係があることがはっきりしてきました。

この病気が進行すると人工透析が必要になったり、失明の危険があるなど、さまざまな合併症が深刻化するので気をつけましょう。

◆「やせすぎ」も健康には良くない

ちなみに、日本女性は自分の外見を実際より太めに評価する傾向が強く、一〇代～二〇代の女性が理想的だと思う体重の平均値は、「BMI」の標準値を下回っています。

とくに若い女性には「やせたい」という願望が強く、二〇代の一〇人に一人が何らかのダイエットをしています。そして、無理な節食などを続けた結果、ダイエットしていない女性に比べて、「栄養バランスが悪くなっている」と報告されています。

これに対して、男性は体重や食事のコントロールに心がけている人が少なく、「何歳になったら心がけますか」という質問に対して、二〇～四〇代男性の約八割が、「すぐに心がけるつもりはない」と答えています。

いずれにしても、このままの状態で肥満人口が増えると、二一世紀の医学・健康問題の最大のテーマは、「肥満症」対策になってしまうかもしれません。

世界保健機関（WHO）では、肥満が深刻な問題になっている米国の状態が、世界の他地域の将来の姿になりかねないと憂慮。日本の厚生省生活習慣病対策室でも、「肥満は生活習慣病の危険分子ですが、やせすぎも栄養不良による貧血などが心配。健康な生活を維持持するため、適正な体重コントロールに心がけてほしい」とコメントしています（二〇〇〇年二月二六日付、産経新聞）。

◆「脂肪＝悪役説」は間違い

これと関連して、念のために述べておきたいのは、私たちの体内の脂肪は、健康的に生きて子孫を残すために必要なものであり、過剰にならないかぎり有用だということです。脂肪は、私たちが生きていくために必要なエネルギーの貯蔵庫で、脂肪細胞のもっとも重要な役割は、非常時にエネルギー源として働くことです。最近の研究によれば、脂肪細胞は免疫系などの機能を正常に保つため、ホルモンなどの物質を作り出す内分泌器官の一部だと言われるようにもなりました。

とくに女性にとって、体脂肪は、正常な生理の維持や妊娠・出産に欠かせない組織です。実際に、妊娠や出産に際して、女性は多くのエネルギーを消費しますが、そのために一定量以上の脂肪が必要になることは容易に想像できます。

最近は太りすぎの人が増えるにともない、脂肪自体を「悪役」のようにいう傾向がありますが、適量の脂肪は私たちの健康維持にとって、なくてはならないものであることを忘れてはなりません。

2　満たされぬ夢ー美しいボディライン

◆〝やせて、きれいになりたい〟

とはいうものの、女性たちの間では、「やせる」ことへの願望が強いため、極端なダイエットに励んで、医学的に見れば「やせすぎ」の体型になっている人が増えています。

二〇〇〇年のある調査によると、二〇～三九歳の女性では、ＢＭＩが１８・５未満で、「やせ（低体重）」と判定された人が約２５％で、四人に一人に達しました。その割合は過去二〇年で約二倍に増え、一九九八年の調査では、二〇代の女性一〇人中、少なくとも一人は何らかのダイエットをしています。

しかも、ダイエットの動機は何かと言えば、多くの男性が「健康のため」と答えているのに対して、若い女性は、「やせて、きれいになりたいから」という理由がトップを占めています。いつの時代も、女性の変身＝痩身願望は変わらないようです。

◆無理なダイエットには危険がともなう

しかし、友だちの結婚式までにやせたいとか、夏場に流行の水着を着たいからなどと考え、短期間で急激に体重を減らすダイエットをするのは、健康上、危険がともなうことを忘れてはなりません。

一般に、体重を減らす目安となるスピードは毎月2kg前後で、非常に太っている人でも、3kg程度減らすのが順当だと言われています。それ以上のペースで減量すると、毎月の生理が不順になったり、止まってしまうことがあります。

人の脳内で食欲をコントロールするのは「視床下部」で、女性ホルモンの分泌《ぶんぴつ》を司《つかさど》る部分もその近くにあるため、非常に影響を受けやすいのです。

もしこういう症状が出たら、すぐにダイエットを中止してきちんとした食事に戻し、体重が回復すれば生理も戻ってきます。しかし、十代の思春期で、生理のリズムが確立していない時期に過激なダイエットを行うと、治療に時間がかかるだけでなく、将来の「不妊症」の原因になることもあります。

たしかに、やせるためにはある程度、食事制限が必要ですが、それは身体に必要な栄養素をしっかりとったうえで、余分なエネルギーや脂肪を減らそうというものです。

ある日突然、食事の量を半分にしたり、まったく食べなくなったりすると、今まで不自由なく暮らしてきた身体は、事態の急変に応じて体内の機能を調整し、少量の食事の吸収効率を上げて身体を守ろうとします。そのためダイエット効果はなくなり、特定の水準で落ち着いてしまいます。
また、極端な食事制限によっておいしいものを遠ざけ、食欲を無理に抑えつけると、ある日、我慢する気持ちが限界に達し、「過食症」や「拒食症」に陥《おちい》る危険性もあります
やはり、食事制限は無理のないペースで行うのが無難です。ダイエットから元の食事に戻ると、消化器の吸収効率が良くなっているのでかえって太る、「リバウンド現象」が生じることもあるので気をつけましょう。

◆栄養バランスに配慮したダイエットを！

次章に詳しく述べますが、ダイエットの基本は体重を減らすことではなく、体脂肪を減らすことにあります。最近は体重計だけでなく、「体脂肪率」を簡単に測定できる体脂肪率計が普及してきたので、あなたの体脂肪も一度計《はか》ってみましょう。体重に体脂肪率を乗算すると、体脂肪が求められます。

ちなみに、人間は本来「雑食性」の動物で、さまざまな食品からいろいろな栄養素を摂《せっ》取《しゅ》し、はじめて健康的に生きられるようにできています。したがって、特定の栄養素や栄養補助食品しかとらない「単品ダイエット」が、健康に良くないことは明らかです。

また、栄養補助食品というのは、その名のとおり「補助食品」（サプリメント）で、不足が心配される栄養素を補うためのものなので、これを主食にするのも間違いです。

にもかかわらず、街には「○○を飲んで一週間でやせよう！」などという宣伝コピーがあふれ、お茶やリンゴ、黄粉、卵、ヨーグルト、コンニャク、海藻類など、さまざまなダイエット食品が出回っています。

たしかにダイエットしようと思った時、その気持ちを支えてくれるものがあれば楽ですが、数回ためしただけでやめてしまう人が多く、継続している人は意外に少ないものです。

友人に勧《すす》められたり、噂に聞いて始めたりしたものの、少しも効果が上がらないばかりか、胃腸に負担がかかって苦しい思いをしたとか、高価なので長続きしなかったとか、中止する理由もさまざまです。

どういうものを選ぶかも問題で、ほとんど栄養のとれないものだと、肌荒れやめまい、貧血、動悸・息切れなどの症状に見舞われ、最悪の場合、骨粗鬆症《こつそしょうしょう》になってやつれてしまうこともあります。

次に紹介するのは、そんな「単品ダイエット」の体験談です。

〝私は、米国製のダイエット飲料を飲むだけの生活を三ヶ月間続けました。その結果、体重や体脂肪が目標値まで落ち、「やや肥満」と診断されるまでになりました。

でも、その後は目標を達成した安堵感と、食べたいものを我慢してきた反動で食べ過ぎてしまい、たちまち元の体重に戻ってしまいました。やっぱり極端な方法はダメですね〟

（三〇歳男性、会社員、現在の体重83kg）

〝私は約二週間、グレープフルーツ中心の食生活を続けました。たしかにやせることはできましたが、ダイエット中に食べたいという欲求がたまっていたので、終わったとたんに過食となり、あっという間にリバウンドし、体重は元通りになってしまいました〟（二〇代女性、会社員、現在の体重47kg）

〝私は毎日、キノコやコンニャクばかり食べ続け、三ヶ月ほど続けた時、体重は8kgほど減りましたが、体調はあまり良くありませんでした。それからゆるやかなリバウンドがあり、さらに三ヶ月後には4kgほど戻ってしまいました（二〇代女性、主婦、現在の体重49kg）

これらのケースは『ダイエット／成功する人、失敗する人、140人の体験から』（女子栄養大学出版部刊）から引用させていただきましたが、どの言葉にも苛酷なダイエットの苦労が感じられます。

◆「部分やせ」は夢ではない！

それにしても、もっと手軽な方法でやせることはできないものでしょうか。身体に無害なうえ、短期間に必要な部位だけ、やせられる方法はないものでしょうか。

ちなみに、日本肥満学会が認める唯一のダイエット法は、「適度な運動と食事制限」です。これらには全身的な効果がありますが、身体のどの部位が太り、どの部位がやせるかは、個人の遺伝的な体質で決まります。

では、太ももや腕、お腹など、やせたいと思う部分だけやせられるということは、所詮、「夢」にすぎないのでしょうか。

第一章に記したように、私が長年の研究によって完成した「ソニックスリム」は、まさにその夢を実現したものであり、究極の「部分やせ美容法」といえるでしょう。

最近は、日本肥満学会でも、「局所やせ」の可能性を認めていただけるようになりました。その詳《くわ》しい説明に入る前に、そもそも太るとはどういうことか、やせるとはどういうことか、その基本的なメカニズムを科学的に検証したいと思います。

［第3章］人はなぜ太るのか
～私は太り、あなたがやせるのはなぜ？～

1　「肥満」を判定するメジャー

◆体脂肪が過剰になると体重も増える

私たちは日常生活の中で人を外見から判断し、「あの人は太っている」とか、「スリムに痩せていてすてき」だとか言いますが、科学的に見て〝太っている〟とか、〝痩せている〟というのは、どういうことなのでしょうか。

一口で言ってしまえば、肥満というのは単に体重が重いことではなく、体内に「脂肪」が過剰に蓄積した状態を指します。体脂肪が過剰になると、体重も自然に重くなるからです。

最近は、体脂肪量を簡単に計れる「家庭用体脂肪率計」（インピーダンス法）も市販されていますが、これは微弱な電流を体に通して抵抗値を測定することにより、体内の水分量を推計する器械です。

筋肉などの水分を多く含む組織が多いと、電流を通しやすいのでインピーダンスは低下しますが、水分の少ない体脂肪は電流を通しにくいので、その割合が多ければインピーダンス値は上昇します。

家庭用体脂肪率計は、こうした仮定に基づく計算式と統計数字から体脂肪率を割り出しますが、異なるメーカーの機種を比較した場合、測定値が違ってくる場合があります。これはメーカーごとに推計のソフトウェアや統計数字が異なるからで、どのメーカーの測定値も絶対ではありません。したがって、一つの目安として受け止めた方がいいでしょう。

成人男性の標準的な体脂肪率は体重の１５～２０％で、２５％以上は肥満と見なされます。また、妊娠や出産時に多くのエネルギーを必要とする女性は、体重の２０～２５％が標準で、３０％以上ある場合に肥満と判定されます。

ちなみに、体脂肪率は毎日同じ時刻に同じ条件で計ることがコツで、体内の電気抵抗値が安定している、夕方から夜に計るのが正しいと言われています。日中は水分や食品の摂取によって測定値に大幅な変動があるからです。

◆ＢＭＩ指数と「隠れ肥満」

これとは別に、医学的な見地から肥満かどうか判定する基準として、世界で最も広く使われているのが「ＢＭＩ」（Body Mass Index）と呼ばれる「体格指数」です。

ＢＭＩは体重（kg）を身長（m）の二乗で割れば算出できますが、日本肥満学会では１８・５以下を「低体重」、１８・５～２５未満を「普通体重」、２５以上を「肥満」と判定しています。もっとも疾病率が低いのはＢＭＩ２２で、理想の数値といわれています。

この計算式を利用すれば、あなたの「標準体重」（健康体重）が、身長の２乗に２２を掛けたものだということも分かります。

ＢＭＩ＝体重（kg）÷〔身長（m）×身長（m）〕

標準体重＝身長（m）×身長（m）×２２

身長と体重のバランス（体格）を見る指標には、ＢＭＩ以外にもいくつか指標がありますが、身長や体重の大小による影響が比較的小さく、体脂肪率とも相関関係があるので、成人の肥満を判定する基準にはＢＭＩがよく使われます。

ただし、注意してほしいのは、ＢＭＩが体脂肪量を正確に反映しているわけではないということ。計算式を見れば分かるように、身長と体重が同じなら、筋肉や骨の量が多い「固太り」の人も、体脂肪が多い人も、同じ「肥満」と判定されてしまうからです。

たとえば、多くのスポーツ選手は脂肪より筋肉が重いため、ＢＭＩが25以上になることも珍しくありませんが、体脂肪が多いわけではないので、医学的に見れば肥満ではありません。

また、腎臓や肝臓の機能障害が起きると、体内に水分が過剰にたまり、浮腫《ふしゅ》（むくみ）が生じて体重が重くなり、ＢＭＩが大きくなります。こうした場合も体脂肪が増えているわけではないので、肥満ではありません。

これと反対に、ＢＭＩで「低体重」あるいは「普通体重」と判定されても、実際には体脂肪の多い「隠れ肥満」と呼ばれるケースがあります。「隠れ肥満」は、お腹の出てきた中年男性だけでなく、運動不足の中年女性にもよく見られ、ひどくなると、さまざまな生活習慣病を引き起こす原因になるので注意しましょう。

したがってＢＭＩ指数だけでなく、体脂肪率を正確に測定することが重要で、30％を越える場合は健康診断や血液検査を受けることをおすすめします。

2 「体脂肪」と肥満の密接な関係

◆体脂肪が果たしてきた重要な役割

人類は数百万年前の発祥以来、大変長い期間を飢餓状態の中で暮らしてきましたが、ようやく一万年ほど前に農業文明を起こすことにより、食物を栽培・貯蔵することに気づいて、飢餓から解放されたといわれています。

そうした厳しい環境下で、生命を維持しながら子孫を残すため、ヒトの身体はわずかな食糧から必要な栄養素を体内に取り込み、脂肪に変えて蓄える機能を持っています。そして、食糧が入手できない時は、体内に蓄積した脂肪をエネルギーに変えて活動源とし、生命を維持してきたのです。

つまり、ヒトの身体はもともとたくさんの脂肪を蓄積できる能力を備えており、「太りやすい人」というのは、その能力に優れた人と言い換えることもできるのです。

今でも、秘境と呼ばれるような未開社会では〝太った人〟が尊敬され、部族の長として君臨しているケースが少なくないのは、こうした物の見方を反映しているといえるでしょう。

その意味で、体脂肪は私たちが身体の機能を維持する上で欠かせないものであり、冬山などで遭難した時、体脂肪の多い女性の方が男性より生存率が高いのも、脂肪によるエネルギーの補給機能によるものです。

さらに、体脂肪は体温を正常に保って、外部との「断熱作用」を行い、内臓を正しい位置に保つクッションのような働きもします。性ホルモンの分泌と性的機能の維持にも、重要な役割を果たしています。

したがって、多すぎるのは問題ですが、体脂肪を適量蓄《たくわ》えておくことは、生命を維持する上で非常に重要なことなのです。

◆体脂肪が体内に蓄積されるメカニズム

しかし、人間が文明の発達によって飢餓状態から解放され、「飽食の時代」に入ると、こうしたサバイバル能力がある人ほど体内に過剰な脂肪を蓄積し、肥満に悩む皮肉な現象が出てきました。

とくに腹部や内臓の周囲に過剰な脂肪がつくと、さまざまな生活習慣病を引き起こし、最悪の場合、寿命まで縮めてしまうことになりかねません。

それにしても、私たちの身体に体脂肪が蓄積されるのは、どういうメカニズムによるのでしょうか。

人間の体内にある脂質のうち、量的に最も多いのは「中性脂肪」(トリグリセライド)です。成人の脂肪組織には、約250～300億個の「白色脂肪細胞」がありますが、一つ一つの細胞に中性脂肪が詰まっており、その量が異常に増えた状態が「肥満」です。

私たちが食事をして栄養素を吸収すると、血液中にブドウ糖が増えて血糖値が上昇しますが、ブドウ糖の量に応じて膵臓からインスリンというホルモンが分泌され、血糖値を下げる働きをします。

インスリンはブドウ糖を体内に送り込み、エネルギーとして活用させて血糖値を下げる一方、肝臓や脂肪細胞で、「グリセロール」と「遊離脂肪酸」から中性脂肪を合成する働きもします。したがって、糖質やアルコール、脂肪を多く含む食品などを摂りすぎると、脂肪細胞中の中性脂肪が増えすぎてしまうのです。

現在、平均的日本人の一日の摂取エネルギー量は2000kcalですが、仮に毎日4%の過剰摂取を1年間続けると、約3000kcalもオーバーすることになり、体脂肪が4kgも増える計算になってしまいます。

3　ポイントは摂取と消費のエネルギー・バランス

◆中高年と若者の消費エネルギー

人は、食物から糖質やタンパク質、脂質などの栄養素を体内に取り込んで、生命を維持しています。これらは「三大栄養素」と呼ばれ、栄養素から得られる熱量を「摂取エネルギー」と言います。

一方、私たちが毎日の生活を営むうえで使われる熱量を「消費エネルギー」と呼びますが、肥満と痩身を考えるうえで、両者のエネルギー・バランスは大変重要です。

毎日の摂取エネルギー量が消費エネルギー量を下回ると、不足したエネルギーを体脂肪で補うため、脂肪細胞中の中性脂肪が分解されて体脂肪が減少し、身体は自然に痩せていきます。

しかし、摂取エネルギー量が消費エネルギー量を上回れば、余分なエネルギーは、中性脂肪の形で脂肪細胞や肝臓にためこまれ、太ってしまうことになります。

消費エネルギーは、「基礎代謝」と「生活活動代謝」「食事誘導性熱代謝」の三つに大別されますが、もっとも多くエネルギーを消費するのは「基礎代謝」で、一日の消費エネルギーの約六割を占めます。

基礎代謝というのは、安静状態の心臓の拍動や呼吸、体温の維持など、生命維持に使われるエネルギーのことで、年齢と共に低下するのが特徴です。また、加齢が進むにつれて運動量も減るため、「生活活動代謝」も減少します。

そこで中高年になっても、若い時同様「摂取エネルギー」を取り続ければ、どうしても消費エネルギーを上回り、肥満体になりやすくなります。「中年太り」には、こうしたケースが多いようですが、太らないようにするには、摂取エネルギーと消費エネルギーのバランスをとることがもっとも大切だと言えるでしょう。

◆肥満を招く五つの要因とは？

このように体脂肪の蓄積は、摂取エネルギーと消費エネルギーのバランスと関係しており、過食をすれば過剰なエネルギーが体脂肪に変わります。また、摂取エネルギーが少なくても、運動不足などで消費エネルギーが少なければ、相対的にエネルギー過剰となって太ってしまいます。

日本肥満学会ではこうした事実を踏まえ、次の五つを肥満の原因と考えています（「肥満・肥満症の指導マニュアル／第2版」）。

①食べすぎ
②異常な摂食パターン
③遺伝的素因
④運動不足
⑤熱産生障害

実際には、これらの要因が複雑に絡《から》み合って肥満が起きますが、「食べすぎ」と「運動不足」は、とくに重要な要因と見なされています。したがって、これらへの対策が肥満予防には欠かせませんが、一方で、個人や家族の「遺伝的素因」も見逃せない要素として注目されています。その詳細については、後述したいと思います。

4 「食欲」はどうして起きるのか

◆視床下部にある「食欲中枢」

では、私たちが「何かを食べたい」と思う気持ちは、どうして起きるのでしょうか。ここで、人間の「食欲」のメカニズムについて説明しておきましょう。

私たちの食欲を支配する「食欲中枢」は、脳の中心部に近い脳幹の「視床下部」という所にあります。視床下部は、私たちが生きていく際に必要な機能や欲求をコントロールする中枢で、食欲をはじめ睡眠や自律神経、体温の調節などに関与しています。

食欲中枢は、「満腹中枢」と「摂食（空腹）中枢」で構成され、満腹中枢は、視床下部の「腹内側核」という部分に、摂食中枢は「外側野」という部分にあります。

食欲は、食欲中枢が体脂肪量の増減を感知し、食事の量を増やしたり減らしたりするメカニズムによって、調節されています。

最近になって、体内に中性脂肪を貯め込む「脂肪細胞」が単なるエネルギー・タンクだけではなく、エネルギー代謝を調節する機能も持っていることが分かってきました。そのきっかけは、一九九四年に脂肪細胞が分泌する「レプチン」というホルモンが発見されたことにあります。

レプチンは、脂肪細胞にどの程度、中性脂肪が蓄積されたかということを、食欲中枢に知らせる働きをしています。食欲中枢は、血液中に分泌されたレプチンの濃度をモニタリングし、それに応じて食事をするよう大脳に信号を送るのです。

私たちが食事をし、脂肪細胞に中性脂肪が一定量蓄積されると、血液中に分泌されるレプチンの量が増え、それを感知した満腹中枢が食欲を抑えて筋肉の活動を促《うなが》し、エネルギーの消費量を増やします。反対に、中性脂肪の量が減ってレプチンの分泌量が少なくなると、摂食中枢が大脳に信号を送って食事をするよう促すのです。

私たちが日常的に感じる、「お腹がすいた」とか「満腹だ」という感覚は、食欲中枢から送られてくる信号を大脳が受け止めたサインと言えるでしょう。

このように私たちの体内では、ほぼ一定量の体脂肪を蓄積することによって体重を維持し、飢餓状態に耐える準備を常に行っているのです。

◆「ながら食い・早食い・まとめ食い」の弊害

最近、日本でも増えている「過食症」や「拒食症」は、こうした食欲のメカニズムが破綻《はたん》を来した場合に起きる現象で、マウスなどの実験動物でも、「過食」を人為的に引き起こすことができます。

たとえば、マウスの尾を針で軽く刺してストレスを与え続けると、「過食」状態に陥って急激に体重が増えます。

このように、不安や心理的ストレスから逃れるための「過食」は、空腹でなくても物を食べ続けるので、「気晴らし食い」とか「イライラ食い」と呼ばれます。こうした現象は若い男女に数多く見られ、食べることによってストレスを解消しようとする行為として報告されています。

こうした「過食」とは関係ありませんが、私たちの一日の食事回数や食事時間が肥満に関係していることが分かってきました。

　厚生労働省の「国民栄養調査」によれば、男女とも一日の食事回数が少ない人ほど肥満度が高く、毎日の食事に「欠食」がある人を「欠食」のない人に比べると、皮下脂肪が厚いという結果が報告されています。つまり、朝食を抜いて夜に「かため食い」するような習慣が肥満につながると見ることができます。

　そのメカニズムはまだ解明されていませんが、一日の食事量の半分以上を夜間に食べる「夜食症候群」も、肥満につながります。

　その理由は、夜間になると消化管の機能を促す副交感神経の働きが高まり、食物の消化吸収が良くなってエネルギーが貯蔵されやすくなるからでしょう。

　このほか、太った人によく見られる食事の風景には、以下のような特徴があります。
①身の回りの手の届くところに、さまざまな食物が置かれている。
②人と話したり、テレビを見ている時など、あまり意識しないで過食している。
③「早食い」のため、満腹感を感じる前に必要以上の量を食べてしまう。
　こうした「ながら食い・早食い・まとめ食い」の習慣は、太った人によく見られるので、「肥満型食事様式」と呼ばれています。最近の研究で、こうした摂食パターンが肥満につながりやすいことも明らかになりました。

◆寝る前の食事は「まとめ食い」につながる

それでは、こうした摂食パターンに陥《おちい》らないようにするにはどうしたらいいでしょうか。ここでは、「食べすぎ」と寝る前の食事を抑えて、太ることを予防する方法をいくつか教えましょう。

《食べすぎを防ぐ方法》

①人が満腹感を得られるのは、食事を始めてから一五~二〇分後と言われています。そこで、食事をするときはよく嚙んで料理を味わいながら、ゆっくり時間をかけて食べるようにします。

もしペースが早すぎると感じたら、お代わりの時などに中休みを設けると、自分に必要な食事量が分かるはずです。

②出された食事は残さず食べるのが基本的なマナーですが、外食のレストランなどで、量を調節するのは困難です。そういう時、少し量が多いなと感じたら、一口でもいいから残せば、食べすぎを防ぐことができます。

③テレビや新聞、雑誌などを見ながら食べ、友だちとおしゃべりしながら食べることには、それなりの楽しさがありますが、「ながら食い」には食事に集中することを妨《さまた》げ、必要以上に食べすぎてしまう欠点があります。食事はよく味わいながら、ゆっくり食べるよ

うにしましょう。

④家の中で物を食べる場所は基本的に一ヶ所とし、そこ以外の場所では食べないようにすること。何ヶ所も食べる場所があると、食べる回数が多くなって食べすぎてしまうからです。

《寝る前の食事を抑える方法》

①寝る前には、基本的に物を食べないのが原則です。とくに高エネルギー食品は避けた方がいいでしょう。その理由は前述しましたが、夜間には体内の「副交感神経」が活発に働いて、腸からの栄養素の吸収が盛んに行われます。そのため、体脂肪が蓄積されやすくなるのです。

しかも、寝る前の食事は胃に負担がかかり、翌朝の食欲不振につながります。そうなると朝食を抜いて、昼や夜に「まとめ食い」をする悪循環を招きます。

②仕事などで遅くなり、夜食を食べたくなったら、できるだけ低エネルギーの食品を選びましょう。野菜スープや海藻・こんにゃくなどの入ったサラダが最適です。

③それでも満足できず、どうしても夜食が食べたくなったら、水やお茶を飲み、体操をしたり本を読んだりして、気持ちを紛《まぎ》らわせるのも一つの方法です。お風呂に入って寝てしまうのも、それによって気分転換ができ、物を食べる衝動が抑えられるのでおすすめし

ます。

5　男性の肥満と女性の肥満

◆男性が太る主な原因は？

人間が、一日のうちで消費するエネルギーの約六割は「基礎代謝」だということは前に述べました。基礎代謝というのは、心臓の拍動や筋肉の収縮、呼吸、体温を維持するための熱産生など、生きていくために必要な生理作用を維持する活動です。

注目すべきことは、男性の方が女性より基礎代謝の値が高いということです。なぜかと言えば、男性の方が女性に比べて筋肉の量が多く、体脂肪が少ないからです。

「筋肉細胞」は活動が活発で、エネルギーを多く消費しますが、「脂肪細胞」はエネルギーをあまり使いません。そのため、筋肉量の多い男性の方が女性より基礎代謝が高くなるのです。

しかし、基礎代謝は年齢と共に変化し、男性は一五～一七歳、女性は一二～一四歳で最高になり、それ以降は徐々に低下していきます。とくに男性は中高年になると、基礎代謝の低下が目立つようになります。しかし、食べる量があまり変わらなくても、消費エネルギーの六割を占める基礎代謝が低下すれば、カロリーが過剰になり、余ったエネルギーが体内脂肪として蓄積されてしまいます。

働き盛りの中高年男性は、否応なく仕事上のつきあいで過食になりがちです。したがって、適度な運動を続けている場合は別として、多くの男性が太る一番の原因は、高脂肪・高カロリーの食事を続ける一方で、運動不足の毎日を送ることにあります。

こうした生活習慣を長く続けると確実に筋肉が衰え、体脂肪が増えてきます。体重がそれほど変わらなくても、筋肉が減る分だけ基礎代謝が減少し、エネルギー消費の少ない太りやすい体質に変わってしまうのです。

しかも、中高年男性は内臓の周囲に脂肪が過剰に蓄積する「内臓脂肪型肥満」になりやすいので、三〇歳代になったら、自分のウェスト・サイズと体型の変化に注意しましょう。

◆女性が太る主な原因は?

女性の皮下脂肪は男性より厚く、生きていくために最低限必要な体脂肪率がかなり違います。男性は3%前後が下限ですが、女性は12%前後なければ生きていけません。

なぜ、これほど違うのかと言えば、女性は妊娠と出産に大変なエネルギーが必要だからで、思春期になると、いつ妊娠してもいいように、お尻や太ももの周囲に脂肪を蓄積し始めます。

毎月の月経を維持し、妊娠や出産を可能にするためにも、ある程度の体脂肪がなければなりません。体脂肪率が１７％未満になると、妊娠の前提となる月経が不順となり、１５％以下になると、止まってしまうことが多くなります。さらに、過激なダイエットなどの結果、体脂肪率が１２％以下になると妊娠することがむずかしくなります。

体脂肪率が低くなりすぎると、女性ホルモンの働きが弱くなるからで、女性ホルモンの中には、体脂肪が蓄積される脂肪細胞によって活性化される仕組みのものもあります。

ホルモンとの関係で、女性が太りやすいのは、一生のうちに三回あると言われています。それは「思春期」「妊娠・出産期」「更年期」で、これらの時期には、女性ホルモンを分泌する卵巣が大きく変化します。

女性は七〜八歳になると、卵巣から女性ホルモンが少しずつ分泌され、十代半ばの思春期に入るとその量が増加し、皮下脂肪も増えて女性特有の体型になります。

そして妊娠・出産期になると、女性ホルモンが太ももやお尻の脂肪細胞に体脂肪が蓄積されやすい環境を作り、８〜１０kgも体重が増えます。しかし、妊娠中に適度な食事と運動を心がければ、出産後に体重は自然に減り、そのまま太ってしまうことはありません。

それより深刻なのは、更年期に入った女性が、閉経後に太りやすくなる現象です。その原因として考えられるのは、閉経が「基礎代謝」に与える影響です。

閉経後の女性の血中では、女性ホルモンの一つであるエストロゲンの分泌が減少し、本来、筋肉などの組織に蓄えられるはずの栄養素が、脂肪細胞に貯蔵されてしまいます。こうして体脂肪が増えると、身体の基礎代謝が低下して太りやすくなるのです。

このように増えすぎれば太ってしまうし、過激なダイエットで減らしすぎると、妊娠や出産に悪影響を及ぼす。男性の体脂肪より複雑で、デリケートなのが女性の体脂肪だと言えるでしょう。

◆「脂肪細胞」の働き

次に、私たちの体内で脂肪を蓄積する主役である「脂肪細胞」とはどういうものか、もう少し詳しく見てみましょう。

ヒトの身体は約六〇兆個の細胞で成り立っていますが、そのうち「白色脂肪細胞」は成人で約二五〇億〜三〇〇億個あり、太った人では、四〇〇〜六〇〇億個に達します。その直径は一〇〜二〇〇マイクロメートル（＝一〇〇万分の一メートル）で、それぞれの脂肪細胞に、一〇〜一五〇マイクログラムの中性脂肪が含まれます。

白色脂肪細胞の中には、中性脂肪が液滴状の粒（油滴）で蓄積され、摂取エネルギーの余りが生じると脂肪の含有量が増えて、脂肪細胞が大きくなります。さらに過剰なエネルギーが摂取されると、今度は脂肪細胞の数が増えてエネルギーが無駄なく蓄積されます。

私たちの体内では、筋肉などに含まれるタンパク質や、肝臓や筋肉に蓄えられるグリコーゲンなどもエネルギー源として利用されますが、一グラム当たりのエネルギー量がもっとも多いのは「中性脂肪」です。

脂肪細胞の中で、中性脂肪（トリグリセライド）がどのように合成・貯蔵され、どのように分解されるのかというメカニズムは、かならずしも明らかではありません。とりわけ分解のプロセスには諸説があるので、ここでは基本的な流れだけを述べておきましょう。

私たちが食事をした後、小腸壁から吸収された糖質やタンパク質、脂質は、「血糖経路」と「リポタンパク経路」の二つの経路を通って、中性脂肪として合成・貯蔵されます。

①血糖経路〜膵臓が分泌するインスリンによって促進され、肝臓で合成された中性脂肪は、「リポタンパク」に含まれて血液中に放出されます。また、小腸で合成された中性脂肪は、リポタンパクの一つであるカイロミクロンに含まれて血液中に放出されます。②リポタンパク経路〜こうして血液中に放出された中性脂肪は、血管壁にある「リポタンパク・リパーゼ」によって分解され、そこで生じた「脂肪酸」が脂肪細胞の中に取り込まれ、ふたたび中性脂肪となって貯蔵されます。

こうして脂肪細胞の中に貯蔵された中性脂肪は、血中の遊離脂肪酸が消費されて欠乏すると、脳の視床下部から指令が出て、脂肪分解ホルモンであるアドレナリンやノルアドレナリンが放出され、脂肪細胞に作用。「遊離脂肪酸」と「グリセロール」に分解されて、血液中に放出されます。そして、いろいろな組織でエネルギー源として利用されるのです。

6　「肥満」の大きな要因―「肥満遺伝子」

◆遺伝と生活習慣の両方が影響

以上で、人がなぜ太るのかということの概要はお分かりいただけたかと思いますが、もう一つ、大きな謎が残っています。それは肥満の個人差で、「私は太るのに、なぜあなたはやせるのか」という素朴な疑問です。

実際に同じカロリーの食事をしていても、「太る人」と「太らない人」がいるのはなぜでしょうか。いくら食べても太らない〝痩せの大食い〟と呼ばれる人々がいるかと思えば、いくらダイエットしても痩せられない肥満体の人々がいるのはなぜでしょうか。

また、肥満体の両親から生まれた子供は、そうでない場合より肥満体になる確率が高いことが知られています。

ある報告によれば、両親が標準体重の場合、子供に肥満が発生する割合は10%ですが、片親が肥満体の場合は50%、両親が肥満体の場合は80%の割合で肥満児が発生するそうで、肥満の発生には遺伝が濃厚に関係していると見た方がいいでしょう。

一方、同じ家庭で生活する親子は、食事内容や運動量など多くの生活習慣において共通する部分があり、子供が生活習慣上で親の影響を強く受けることも見逃せません。

また、肥満は血のつながりのない親と養子の間でも見られ、夫婦間でも、夫が太ると妻も太る傾向があります。したがって、すべての肥満を遺伝のせいにするのは間違いですが、最近の研究によって、肥満要因の約30%が遺伝で、約70%が生活習慣によるものだということが判明しています。

その強力な例証は、米国南部からメキシコにかけて住んでいるピマインディアンで、全体に「肥満遺伝子」を持つ人口比の高い彼らが米国側では肥満度が高く、メキシコ側では肥満度が低いことに表れています。要するに、肥満には「遺伝」と「生活習慣」の両方が影響しているのです。

◆「肥満遺伝子」の正体

肥満に遺伝が関与していることが、学問的にはっきりしてきたのは一九九〇年代で、分子生物学や生命科学の研究対象として取り上げられるようになってからです。

とくに最近は遺伝子の研究が急速に進展し、ヒトの遺伝子がすべて解読されました。その結果、ヒトの遺伝子は約三二〇〇〇種で、そのうち肥満に関係する遺伝子は、四八種類確認されています。

京都府立医科大学大学院で、分泌機能制御学の研究を行われている吉田俊秀教授は、この「肥満遺伝子」を分析することにより、個人に最適な肥満治療、すなわちテーラーメイドの肥満治療を行っておられます。

吉田教授の研究によれば、四八種の肥満遺伝子のうちとくに重要なのは、以下の三種類です。

①「ベータ3アドレナリン受容体遺伝子」（B3ARと略称）

～この遺伝子を持つ日本人の割合は約34％で、安静時代謝量（座って安静にしている時のエネルギー消費量）が通常より200Kcal／日低い。つまり、通常よりエネルギーを消費しないので「節約型遺伝子」と呼ばれ、この遺伝子を持つ人は太りやすい。

②「UCP1遺伝子」

～この遺伝子を持つ日本人の割合は約25％で、安静時代謝量は通常より80Kcal／日低い。これも節約型遺伝子で、この遺伝子を持つ人はやはり太りやすい。

③「ベータ2アドレナリン受容体遺伝子」（B2ARと略称）

～この遺伝子を持つ日本人の割合は約16％で、安静時代謝量は通常より200Kcal／日高いため、エネルギー消費量が高くやせやすい特徴を持っている。

ちなみに、Ｂ３ＡＲとＵＣＰ１の両者を持つ人は、安静時代謝量が約３００Ｋｃａｌ／日低く、あまりエネルギーを消費しないので太りやすくなります。一方、Ｂ３ＡＲとＢ２ＡＲの両者を持つ人は、その影響が相殺《そうさい》し合って、太りやすくもなく、やせやすくもない体調を維持することができます。

こうした事実を利用する肥満治療においては、個人別に安静時代謝が低い分だけダイエットを強化する処方、すなわちテーラーメイドの肥満治療で個人差を克服しています。

したがって、三種類の肥満遺伝子の総合判定が「肥満増進型」でもガッカリする必要はありません。最新の肥満症の治療では、個人別のダイエット指導で肥満を解決しています。

有力な例で言えば、米国アリゾナ州とメキシコに住んでいるピマインディアンは、Ｂ３ＡＲ遺伝子を日本人より高い割合で持っていますが、米国在住者には肥満が多いものの、メキシコ在住者には肥満が少ないことが知られています。

このことは遺伝と同時に、生活習慣がいかに大切かということを示しており、肥満遺伝子を持っていても、生活習慣やトリート次第で肥満を克服できることを物語っています。

◆個人の体質に応じたテーラーメイド・トリート

同様なことは美容や健康の分野にも応用できるため、私どもは吉田先生のご研究の成果を活用させていただき、各地のエステティックサロンやクリニックにおけるトリートメニューに「多種遺伝子測定」を加えることにより、ユーザーご本人がテーラーメイドのトリートを選択できるシステムを構築しました。

これは、一般の方でも分析用の検体を簡単に採取することができ、検体を郵送していただければ、分析結果の報告に加えて、年齢や性別、身長、体重などを考慮した「対処法のアドバイス」を返送させていただくシステムです。

「肥満増進型」と判定された方には、次項のような「対処法のアドバイス」を参考にしていただき、それぞれに合ったトリート法を工夫していただけます。すぐ実行できるのは、従来のトリートに低カロリー食品（ダイエット食品）や栄養吸収抑制剤を併用することでしょう。

低カロリー食品には、蛋白質が必要量含有されていなければならないので、信頼のおけるメーカーの製品を選択する必要があります。

いずれにしても、肥満遺伝子をただちに分析できる世紀に生きる私たちは、自然科学の世界からすばらしい贈り物をいただけるようになったのです。

◆「対処法のアドバイス」

前述したように肥満要因の３０％は遺伝子で、残り７０％が生活習慣にあります。そこ

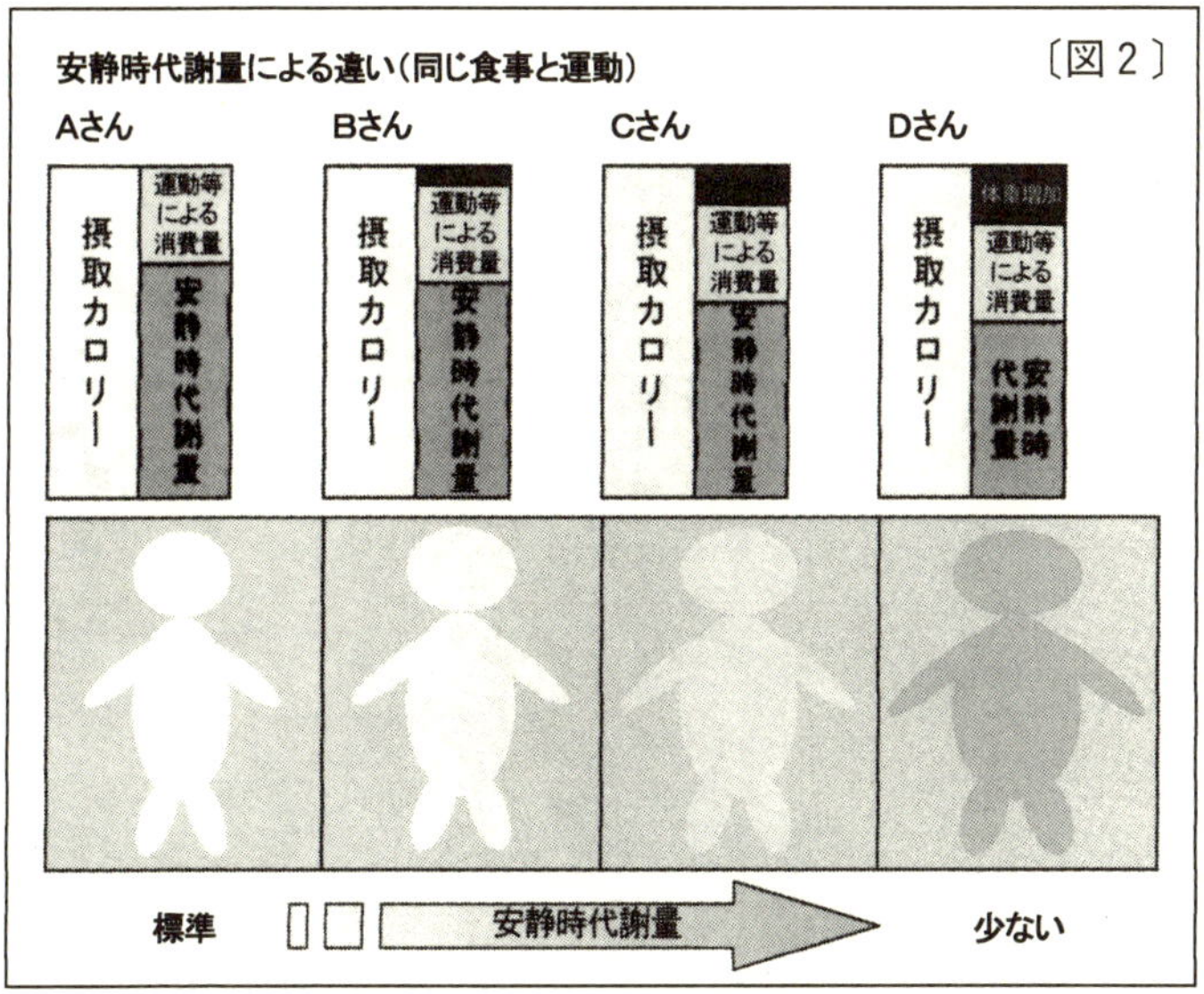

で、肥満遺伝子を持っていて基礎代謝量が通常より少ない人でも、それに見合うだけのトリートを受けたり、摂取カロリーを抑えたり、より多く運動を行ったりする調整代謝により、効果的な減量効果が得られます。

実際にはあなたの体重とBMI＝22から計算した理想体重との差が減量目標になります。この差が大きすぎる場合は、まず第一ステップとして体重の10％減を目標としましょう。この10％減で体質が改善され、ホルモンの生成が正常化し、以後の減量が容易になります。

減量には摂取エネルギーより消費エネルギーが多くなければなりません。消費カロリーの大部分が基礎代謝で、この基礎代謝は遺伝子タイプで異なりますので、

〔表1〕食品別摂取エネルギー表

	単位	100Kcal	200Kcal	300Kcal
食パン	枚 (g)	0.5 (40)	1 (80)	1.5 (120)
ごはん	杯 (g)	0.5 (70)	1 (140)	1.5 (120)
マヨネーズ	g	15	30	45
豆腐	丁 (g)	0.5 (160)	1 (320)	1.5 (480)
焼きアジ	匹 (g)	1 (50)	2 (100)	3 (150)
牛肉（肩ロース脂身付き）	g	30	60	90
卵（全卵）	個 (g)	1 (60)	2 (120)	3 (180)
牛乳	cc	170	340	510
トマト（生）	個 (g)	中2 (530)	中4 (1060)	中6 (1590)
バナナ	本 (g)	1 (115)	2 (230)	3 (345)
ビール	cc	220	440	660
プリン	個 (g)	1 (70)	2 (140)	3 (210)

遺伝子からの調整代謝が加算されます。

〔図2〕には参考として、同じ食事（エネルギー摂取）で同じ運動（エネルギー消費）をした時の体重増加と、基礎代謝量の大小の関係を図示しておきました。

たとえば、Aさんを通常の遺伝子タイプとすると、Bさん、Cさん、Dさんは調整代謝分低い基礎代謝の場合で、何もしなければ太ってしまうことを示しています。

①　あなたがトリートを受けているか、これから受ける場合

仮にあなたが遺伝子タイプで肥満性でも、通常のトリートで肥満

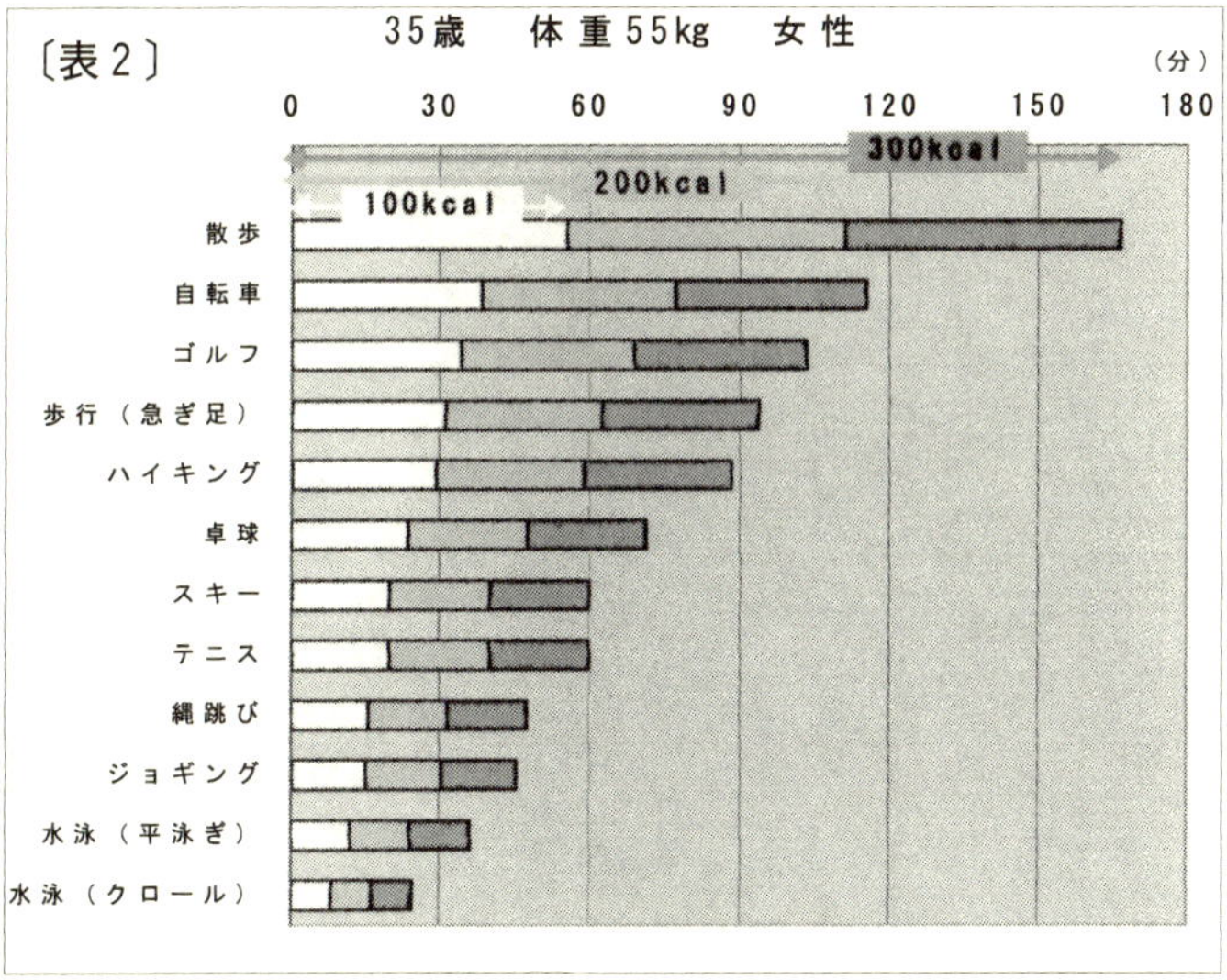

を解消できると判断され、そのトリートを受けている場合は、調整代謝量のエネルギー消費を、何らかの方法で追加して対処すればいいわけです。

調整エネルギーの消費は、a特別なトリートの追加、b特別なダイエットの追加、c特別な運動の追加、あるいはそれらの複合によって実現できます。

a　特別なトリート

～その効果は業者様のデータによりますので、一般的なアドバイスはできません。業者様のご提案から選択してください。

b　特別なダイエット

～〔表1〕の食品別摂取エネルギー表から、補正量に該当するカロリー分を一日の食事から差し引けばいいのです。しかし、単なるダイエット（減食）は栄養バランスを崩します。とくに蛋白質は最低限一日70g必要で、それ以下だと筋肉の退化をもたらし、さらに運動不足による筋肉の退化と加算されると、基礎代謝の減少を引き起こすので、管理栄養士のアドバイスを受ける必要があります。

複雑な計算で栄養のバランスを管理する代わりに、信用できるメーカーの低カロリー食品を食べることも、実行しやすく安心な選択肢の一つになります。

c 特別な運動

～今までの生活習慣にさらに何らかの運動を加算するため、〔表2〕には、必要とされる消費エネルギーに対して各種の運動の種類と必要な運動時間を示しておきました。たとえば、100Kcalのエネルギーを消費するのに散歩なら約五〇分、自転車なら約四〇分、速足なら三〇分の運動が必要です。

②自主的に肥満を解消したい場合

a まず、減量計画を立てる

まず、現在のあなたの体重と身長から体格指数BMIを求めてみましょう。体重をkg、身長をmで表して、次の計算を行います。

BMI＝体重÷身長÷身長

たとえば体重が６５ｋｇで身長が１・５５ｍなら、ＢＭＩ＝６５÷１・５５÷１・５５＝２７です。ＢＭＩは２２が一番健康に良く、疾病率も最低です。しかし２５以上は肥満で、１８・５以下はやせすぎなので、これを参考に自分の希望するＢＭＩを決めてください。

この例のＢＭＩ２７は明らかに太りすぎなので、まずＢＭＩ２５まで減らすことが先決で、そのためには体重を６０ｋｇにする必要があります。この程度の減量は努力すれば可能で、減量速度は月２ｋｇがすすめられます。これ以上の急速な減量は危険やリバウンドがともないますので、専門家や医師に相談するのがよろしい。

脂肪１ｋｇが約７０００ｋｃａｌですから、月２ｋｇの減量は一日では、約４００ｋｃａｌの消費または摂取抑制になります。これに遺伝子タイプからの調整代謝を加算すればよいのです。

安全にリバウンドなしで減量するには、ダイエットと運動の併用が必要で、毎月１～２ｋｇの減量を目標として、ゆっくり数ヶ月かけて減らすことをお勧めします。急激な減量は病気を招いたり、リバウンドの怖さがあるのでお勧《すす》めできません。

ｂ　具体的な減量法について

減量の目標が決まったら、一日の摂取エネルギーの抑制値と、運動による消費エネルギーを求め、これに遺伝子からの基礎代謝調整量とを加えて、一日のエネルギー低減目標値を決めます。

この目標値を達成するには、摂取エネルギー（食品の量）の計算と、消費エネルギー［安静時代謝（基礎代謝の約1・2倍）＋食事誘発性代謝（一日の消費エネルギーの10％）＋活動エネルギー］の計算が必要です。

この場合、消費エネルギーの方が大きくなるように管理しなければなりませんが、すなわち食事と運動の管理になります。この作業はかなりめんどうで大変な作業になり、運動や作業を細かく測定して消費エネルギーを計算することはとても不可能です。

c「簡易式減量法」について

そこで、簡単な方式を提案します。これは減量を実行しながら体重などを測定し、手加減を加えればいい方式で、参考になるのは、京都府立医大大学院の吉田俊秀教授のデータです。

吉田教授は肥満症の治療では、まず3ヶ月で体重が10％減量できれば体質が改善され、肥満症への進行を止められることを約八〇〇〇例で確認しています。

そして、具体的には砂糖と脂肪の摂取《せっしゅ》をやめ、蛋白質を一日70g程度とり、生野菜を大量に食べる。規則正しい食事を日に三回ゆっくり食べ、夜食をしない。無用なストレスを発散させ、毎食後三〇分歩くことにより、めんどうなカロリー計算や消費エネルギーの計算をしなくてもいい方法を提案しています。

〔表3〕生活活動別エネルギー消費量

	年齢	日本人の平均		基礎代謝量	生活活動強度別エネルギー所要量（注2）			
		身長	体重	（注1）	Ⅰ	Ⅱ	Ⅲ	Ⅳ
男性	18～29	171.3	64.7	1,650	2,000	2,300	2,650	2,950
	30～49	169.1	67.0	1,560	1,950	2,250	2,550	2,850
	50～69	163.9	62.5	1,340	1,750	2,000	2,300	2,550
女性	18～29	158.1	51.2	1,330	1,550	1,800	2,050	2,300
	30～49	156.0	54.2	1,280	1,500	1,750	2,000	2,200
	50～69	151.4	53.8	1,180	1,450	1,650	1,900	2,100

基本的には、毎日体重を測定・記録し、減量の進行度を見て、多すぎず少なすぎずの減量速度を保つ必要があります。

《参考》生活活動別エネルギー消費量を〔表3〕に示します。

表中の生活活動強度別エネルギー所要量の四レベルは次の内容です。

レベルⅠ（低い）

～散歩や買い物など、比較的ゆっくりした一日一時間程度の歩行のほか、大部分は座ったり横になったりしての読書やテレビ、音楽鑑賞などをしている場合

レベルⅡ（やや低い）

～通勤や仕事などで、一日二時間程度の歩行や数時間の家事などを行っているが、大部分は座ったままで事務や談話などをしている場合

レベルⅢ（適度）

～レベルⅡの人が一日一時間程度の速歩やサイクリング、農作業、漁業など、比較的負荷の高い作業に従事している場合

レベルⅣ（高い）

～一日一時間程度の激しいトレーニングや木材の運搬、農繁期の農作業など、負荷の高い作業に従事している場合

7　運動不足が肥満を招く

◆「脂質」の摂取量が増えている日本人

平成一二年の「国民栄養調査」によれば、過去四〇年間の日本人の平均エネルギー摂取量は２０００Ｋｃａｌ前後で、横ばい乃至《ないし》は減少傾向を示しています。ところが、これを栄養素別に見ると、タンパク質と脂質の摂取量の割合が年々増え、とくに脂質は一九九〇年以降、２５％を越えるようになりました。

最近は、外食産業の普及などによってその傾向がいちじるしくなっていますが、栄養学的に見て脂質エネルギーの適正水準は、総摂取カロリーの２０～２５％だといわれています。

たとえば現在、日本人が食べている肉類は男女とも多くの世代で、一日の適正摂取量といわれる６０ｇを大きく超えています。

肉類は良質なタンパク質であると同時に、脂質の多い食物の典型です。肉類に含まれる動物性脂肪をとりすぎると、太りやすくなるのはもちろん、血液中のコレステロールや中性脂肪が増えるため、生活習慣病が生じやすくなります。

エネルギーの総摂取量が横ばい乃至《ないし》は減っているにもかかわらず、肉類をはじめとする脂質の摂取量が増えていることが、肥満者の増加と関係があることは明らかです。加えて、多くの世代に「運動不足」が広がり、一日の消費エネルギーが減っていることも肥満と大いに関係があります。

◆運動不足は基礎代謝を低下させる

内閣府が二〇〇〇年に行った「体力・スポーツに関する世論調査」によれば、「運動不足を感じる」人の割合は64・6％で、「感じない」と答えた人の34・7％を大きく上回りました。

また、前述の「国民栄養調査」(厚生労働省)では三〇代と四〇代の男性の運動不足が目立ち、七割以上の人が運動不足を自覚しています。とくに深刻なのは若者たちの運動不足で、二〇代の約50％が「高校卒業の頃から」と答え、一〇代の約七割が「中学や高校時代から」運動不足だったと答えています。

運動不足になると、単に消費エネルギーが低下するだけでなく、エネルギーが体内に貯蔵されやすくなります。そうすると、体脂肪が増えて脂肪合成酵素の働きが高まり、脂肪が作られやすくなってしまいます。

また、運動不足になると、筋肉量が低下するため、「基礎代謝」が減少します。基礎代謝を左右する最大の要因は体内の筋肉量で、男性が女性より基礎代謝が活発なのは、筋肉量に差があるからです。

年をとれば基礎代謝は低下しますが、まず「歩く」ことから始めて全身の筋肉量を維持すれば、低下を防ぐことができます。

筋肉量を維持し、増加させるには、筋肉に負荷をかけるレジスタンス運動が効果的です。ダンベルやベンチプレスなどの器具を用いる筋力トレーニングのほか、腕を頭の後ろに組んで背筋を伸ばし、ゆっくり膝を曲げる「スクワット」「腕立て伏せ」などの運動が、筋力の強化に役立ちます。

ただし、それまで運動習慣のなかった人が、いきなりレジスタンス運動を行うと、筋肉や骨を傷つける恐れがあるので、十分に休養をとりながら何回かに分けて行い、やりすぎないことが大切です。

とくに重度の肥満者は心臓への負荷を考慮し、ウォーキングや水中歩行などから始めて、無理のないレジスタンス運動を行うのが賢明です。

何もしなければ、体脂肪が増えて太るのが人間の身体で、老化による筋肉の機能低下も避けられません。何らかの運動を続ければ筋肉量を維持し、増加させることができることを忘れないようにしましょう。

8　身体の「部分やせ」は可能である！

ところで、女性の肥満には体脂肪量や加齢にともなう体型の変化など、特有の現象が見られますが、若い女性の間では、プロポーションの良いスリムな身体になりたいという憧《あこが》れが強く、ウェストは痩せたいが、バストは豊かでありたいという「部分やせ」願望にも、根強いものがあります。

しかし、従来のさまざまなダイエット法は、この願いをなかなか叶えてくれませんでした。それぞれのダイエット法の分析は、第三章に譲りますが、いずれも「部分やせ」を実現することはできなかったようです。

日本肥満学会においても、長い間、「部分やせは不可能」という意見が支配的でした。しかし最近は、三輪サイエンス研究所を中心とする画期的な研究によって、「部分やせ」の可能性が開けてくると、「局所的にノルアドレナリンを生成する方法なら可能かもしれない」という論調に変化してきました。

そこで、「肥満」と「痩身」の仕組みを解説したこの章の最後に当たり、「部分やせ」を世界で初めて実現した研究成果のあらましを紹介しましょう。ここでは、二〇〇〇年五月の「日経ヘルス」誌に掲載された記事を引用することにより、今回の発明がどういう意義を持つかということを理解してほしいと思います。

★世界初！「微弱超音波」で体脂肪を分解
欧州肥満学会で発表、国際特許が成立

三輪サイエンス研究所（所長／三輪博秀）では約四年をかけて、超音波で生体の脂肪を分解し、「痩身」に結びつける研究を行ってきたが、このほど基礎的実験の確認に成功し、来る五月末にベルギーで開かれる欧州肥満学会での三件の発表が受理された。

なお、出願中の国際特許も審査に合格した。

（今回の実験では）ラットの腹部に超音波を一〇分間照射することによって、脂肪組織中に脂肪分解ホルモンのノルアドレナリンが約二倍に増加し、その付近の脂肪細胞に作用して脂肪滴を分解。その生成物である「遊離脂肪酸」（FFA）も約二倍に増えることが確認された。

（実験に使われた）超音波は、一般診断用とは異なり、周波数は約七分の一の500kHz付近で、強さも約一〇分の一と微弱なものが最適で、強すぎても効率が悪いことを見いだした。

したがって、安全性にはまったく問題がなく、この調査には約三年を要している。

これに次いで、一〇名のヒトの右大腿部《だいたいぶ》に照射し、非照射の左大腿部と皮下脂肪の厚さを比較した。この部分は、薄い浅部脂肪層と厚い深部脂肪層から成るが、一日一〇分、一〇日間の照射で、右大腿部の深部脂肪層の厚さは、実験当初より18％減少した。

さらに、一一名の腹部ヘソ右側5cmの位置に照射し、ヘソ左側5cmの非照射部と皮下脂肪の厚さを比較。照射時間はやはり一日一〇分、一〇日間とした。また、疑似照射を行った非照射グループ一〇名とも比較した。

その結果、ヘソ右側の照射部は左側の非照射部より、皮下脂肪の厚さが実験当初より12％減少し、多いヒトでは20％を超える減少例が見られた。一方、非照射グループには変化がなかった。

以上のような微弱超音波照射による脂肪分解と、痩身の基礎実験の成功は世界初の発見で、このたび世界的に認められる段階に達した。


この記事にあるように、太ももや腹部などに一定周波数の超音波を当てると、その部分だけが痩せることに確信を抱いた当研究所は、この事実をさまざまな学会で発表し、国際特許を取得したのです。現在、その実績を基礎に断言できるのは、「部分やせ」は可能だということですが、詳細については第五章で述べたいと思います。

［第4章］こんなダイエット、あんなダイエット！

～さまざまな「やせ方」を検証する～

前章まででお分かりのように、全身ダイエットの基本は「食べすぎ」を控えて適度な運動をすることです。

日本肥満学会が編集した『肥満・肥満症の指導マニュアル』にも、栄養バランスがとれた食事を規則正しくとり、日常的に適度な運動を行い、生活をコントロールすることがダイエットの基本であると書かれています。

しかし、現代の日本にはあやしげなものも含めて、さまざまなダイエット法があふれています。巧みな宣伝につられて、多くの人々がそれらのダイエットに挑戦しますが、健康を損《そこな》ったり、かえって太ってしまう「リバウンド現象」を繰り返す光景も見られます。

現在、一般に行われているダイエット法は、次の四つに大別できると思います。

・食物からの摂取エネルギーを減らす「食事療法」

・身体の消費エネルギーを増やす「運動療法」
・生活習慣の見直しと体質の改善
・「薬物療法」と「外科治療」
このうちよく知られているのは「食事療法」と「運動療法」ですが、肥満者が急増している状況から判断すると、実行がむずかしい難点があるようです。この章ではそれぞれのダイエット法を検証し、どこに問題があるか考えてみたいと思います。

1　ダイエット食品やサプリメントの効能

まず「食事療法」には、果物やヨーグルト、キノコ、海藻、コンニャクなど、特定の低カロリー食品だけを食べる「単品ダイエット」があります。ある二〇代の女性会社員は、こんな経験をしました。

〝私が経験したのは、約二週間、グレープフルーツだけの食事を続けることでした。その結果、かなり痩せることができましたが、ダイエット期間中、「食べたい」という欲求が異常に高まったため、終了後に食欲が爆発し、アッと言う間にリバウンドが始まって、す

ぐに元の体重に戻ってしまいました〃

また、三〇代の男性会社員は83kgの体重を75kgの目標値まで下げたいと思い、米国製のダイエット飲料だけで三ヶ月間暮らしました。その結果、体重と体脂肪量は目標値まで落ちましたが、三ヶ月経過した後、目標を達成した安心感と、食べたいものを我慢した反動から猛烈に食べ始め、短期間で元の体重以上に太ってしまったそうです。

このように、特定の食品だけを食べる「単品ダイエット」は、逆効果を招くだけでなく、身体に必要な栄養素が欠乏するため、肌荒れや貧血、むくみや脱毛、便秘などの症状を起こして健康を害しかねません。中高年女性の場合は、カルシウムが欠乏することによって骨粗鬆症《こつそしようしよう》になることもあります。

それに加えて、急激な体重の減少は身体に対する負荷が強く、長続きさせることはできません。一般には、二週間に0・5〜1kg程度減量するペースが良いといわれており、過激なダイエットを行っても、やめればすぐに体重が増えるリバウンドを繰り返すことになります。

これは、ダイエット中に身体が少なめの食事に対応し、栄養分の吸収能力を高めているためで、通常の食事に戻るとかえって以前より太ってしまうのです。極端に食事を制限し、おいしいものや五感を刺激する食べ物を遠ざけていると、ある日、我慢ができなくなって大食してしまうのは、むしろ健康な証拠といえるでしょう。

食べることは私たちにとって重要なことであり、文化的・社会的な行動のひとつです。したがって、「食事制限」は、ほどほどのペースで行うようにしましょう。

女性にとって食事制限が怖いのは、急激に体重が減ることによって生理が不順となり、あるいは止まってしまうことです。人間の食欲をコントロールしているのは、脳の「視床下部」で、女性ホルモンの分泌も、その付近でコントロールされているため、影響を受けやすいのです。

とくに思春期の生理のリズムが確立されていない時期には、生理不順の治療に長い時間がかかるだけでなく、放置すると治療や回復が困難になり、不妊の原因になることもあるので気をつけましょう。

◆ついに死者まで出した「漢方食品」

平成一四年九月二二日付の朝日新聞によれば、公正取引委員会は同二〇日、若い女性などをターゲットに〝短期間で楽に痩せられる〟と宣伝し、ほとんど効果のないダイエット食品を通信販売したという理由で、東京都内の二社に、「景品表示法違反」（不当表示）で排除命令を出しました。

排除命令を受けたのは、「中国宮廷減肥茶」を売るG社と、「ダイエットキリエ」を販売するL社で、消費者から苦情を受けた公取委が調査したところ、どちらの商品にもいちじるしい効果は認められなかったそうです。

にもかかわらず、G社では平成一三年六月から新聞折り込み広告を使い、同社の商品が中国のスポーツ団体などから「お墨付き」を得たと宣伝。「やせる一杯。減量ラクラク」などと謳《うた》って、四箱七五〇〇円で販売していました。

また、L社では同一三年二月から、女性雑誌に〝短期間で理想的なプロポーションを実現〟などと誇大広告を行い、一箱一二〇〇〇円で販売していました。痩せる効果を語った体験者はすべてモデルで、「使用前」の太った写真は、パソコンで画像処理したものだったそうです。

こうした「漢方食品」は、今も流通していますが、平成九年(一九九七年)八月、中国のある消費者協会が「減肥茶」や「痩せるビスケット」など、七種類のダイエット食品を調査したところ、〝健康的に痩せるための妙薬はない〟という結論に達しました。

北京市郊外の合宿所に三五人のボランティア女性を集め、1週間にわたってダイエット食品を組み込んだ食生活と運動を実施したところ、最高で4kg痩せた女性が出て、大半は2kg程度の減量に成功しました。しかし、問題は実験後で、三三人が副作用を訴えただけでなく、一部の被験者は、低血圧や脱力感、腹部膨満感に襲われたそうです。

同協会では、〝ダイエットには科学的な食事と運動が重要で、ダイエット食品はその補助にすぎない〃と呼びかけています（サンケイ新聞、平成九年八月三一日付）。

こうした呼びかけにもかかわらず、平成一四年には漢方食品や「痩せ薬」が原因と見られる健康被害が続出し、厚生労働省や各自治体の発表によれば、七月二三日現在、全国四二都府県で三二七人が肝機能障害や甲状腺異常などの被害を受けていることが分かりました。そのうち入院患者は一〇五人で、死者も四人に達しています。

厚生労働省では、これらの製品に含まれる原因物質が特定されなくても、健康被害が続くようなら、販売禁止措置を取ると言明しています。ただし、インターネットを通じて海外から直接購入する場合は、薬事法や食品衛生法による取り締まりにも限界があるようです。

人体に有害な物質が副作用をもたらすかもしれない食品や薬品は、〃中国の薬局で販売されている〃という理由だけで、安易に口に入れない方がいいでしょう。

◆注目されるトウガラシの辛さ

それでは、どんな食品にもダイエット効果はないのかといえば、そうではありません。たとえば、最近注目されている食品の一つにトウガラシやパプリカ（赤ピーマン）があります。

韓国の漬物《つけもの》、キムチなどに多用されるトウガラシの辛さは強烈ですが、その辛味の本体である「カプサイシン」という物質には、唾液の分泌を多くするだけでなく、体内の毛細血管を広げて血流を促し、体温を高める作用があることは古くから知られています。

無色で油によく溶け、消化管から吸収されやすいカプサイシンは中枢神経を刺激し、副腎皮質ホルモンの一種であるエピネフリン（アドレナリン）の分泌を促しますが、このホルモンには脂肪を分解し、エネルギー代謝を活発にする働きがあります。

東欧のハンガリーでは、日本の田舎の干し柿のように、家の軒先に吊るされたパプリカが秋の風物詩です。この国では乾燥したパプリカを粉末にし、煮込みスープの味付けなど、数多くの民族料理に香辛料として使用します。

パプリカの原産地は中南米ですが、荒々しい騎馬民族のハンガリー人に、パプリカの激烈な辛さがマッチし、一九世紀初頭にコショウを入手することがむずかしくなった時、代わりの香辛料として使われ始めました。

日本でも、豊臣秀吉が冬期に行軍する兵士の血流を良くするため、わらぐつにトウガラシを入れさせたという話がありますが、最近の研究によって、カプサイシンにはエネルギー代謝を活発にするだけでなく、脂肪代謝を盛んにして体脂肪の蓄積を抑える働きもあることが分かってきました。

動物実験によれば、とくに内臓脂肪の蓄積を抑制する効果が出ており、辛味成分のカプサイシンがダイエットや成人病予防に有効な食材であることは確かなようです。

ちなみに、コショウの辛味成分のピペリンや、ショウガの辛味成分のジンゲロンにも、アドレナリンの分泌作用があることが確認されました。

私は、ＮＡＲＬ超音波による脂肪分解の際、カプサイシンを併用することによって、運動をしなくても「部分やせ」ができるのではないかという仮説を立てて、併用法を検討してきました。その結論はまだ出ていませんが、今後もさまざまな実験を行ってみるに値する注目すべき食材だと思います。

2　「低カロリー食」で体脂肪を減らす

◆「食事制限」によって太りやすくなる？

要するに、肥満というのは、余分の「摂取エネルギー」が体脂肪として体内に蓄積された結果生じる現象です。したがって、もっとも効果的な減量法は、「食事制限」によって体内への摂取エネルギーを減らすことです。

たとえば、一日に必要な消費エネルギーより５００ｋｃａｌ少ない食事を二週間続ければ、計算上、１ｋｇの体脂肪を減らすことができます。ただし、食事療法だけで減量しようとしても、やがて身体が摂取エネルギーの少ない状態に適応し、吸収能力が上昇するので計算どおりの減量効果は得られません。

また、食事制限だけで減量しようとすると、脂肪組織以外の筋肉なども減少して、リバウンド（体重の再増加）が起きやすいと言われています。これは筋肉の減少によって基礎代謝が低くなり、かえって太りやすい身体に変わってしまうからです。けれども、日常的に適度な運動を行えば、筋肉量の減少による基礎代謝の低下を防ぐことができます。つまり、食事療法は運動療法を併用することによって、最大の効果を発揮することができるのです。

このように、健康的なダイエットでは、「余分な体脂肪だけを減らして、身体の維持に大切な骨や筋肉は減らさない」ことが目標になります。短期間に行う過激な絶食や、特定の食品だけを食べる単品ダイエットによって、この目標を達成するのは不可能です。

健康な食事療法の基本は、あくまでも栄養バランスを考慮しながら、摂取エネルギーを適度に抑えることにあるのです。

◆六大栄養素をバランス良くとる

栄養のバランスを考慮する上で欠かせないのは、いうまでもなく「糖質」「タンパク質」

「脂質」「ビタミン」「ミネラル」の五大栄養素」です。

健康的なダイエットを行うには、これらに第六の栄養素と言われる「食物繊維」を加えた成分をバランス良くとらなければなりません。とくに、通常のダイエットでは蛋白質が不足しやすいので、注意が必要です。

上手に体脂肪を減らすためには、それぞれの栄養素の役割をよく知って、適量をバランス良くとるように工夫することが大切です。

《栄養素の役割と主な供給源》

①糖質～細胞の活動に欠かせないエネルギー源で、過剰になると中性脂肪として体内に蓄積される。米・麦などの穀類、いも、砂糖類。

②蛋白質～生命の維持と代謝に不可欠で、筋肉や血液、骨の形成などに欠かせない。肉類や魚介類などの動物性蛋白質と大豆や豆製品などの植物性蛋白質がある。

③脂質～細胞膜やホルモン、胆汁酸などの成分。肉または乳脂肪などの動物性脂肪と、リノール酸やオレイン酸などの植物性脂肪がある。オリーブ油、バター、マーガリン、ゴマ油などに含まれる。

④ビタミン～身体の代謝活動を活発にし、体調を整える働きがある。ビタミンA、B、C、D、EからKまで、さまざまな食品に含まれる。

⑤ミネラル～エネルギー代謝に不可欠で、歯や骨の材料にもなる。カルシウム、ナトリ

ウム、カリウム、鉄分などがさまざまな食品に含まれている。

⑥食物繊維～血糖値やコレステロールを下げ、排便を促進して大腸がんを予防し、胆石にかかりにくくする。野菜、果物、海藻、豆類などに含まれる。

そこで、食事のときはご飯やパン、麺類などの主食に、肉や卵、魚などの主菜、それに野菜、大豆、海藻、キノコなどの副菜を添え、できるだけ具の多い汁物という、定食のスタイルが理想的なメニューになります。定食にすれば一食当たりの食品数が多くなりますが、このスタイルを三食続ければ、十分な栄養素をとることができるでしょう。

◆体脂肪になりやすい食品とは？

次に、体脂肪になりやすい食品は何かと言えば、もっとも注意しなければいけないのが、砂糖を多く含む清涼飲料水やスナック菓子、ケーキやアイスクリームなどです。

これらの食品は高カロリーでありながら、栄養素のほとんどない「エンプティ・カロリー食品」と呼ばれ、一日の摂取カロリーを120～160kcal程度に抑える必要があります。ショートケーキなら二分の一個、アイスクリームなら一カップ程度が目安になるでしょう。

砂糖をとりすぎると、膵臓からインスリンが分泌され、血糖値を下げる働きをしますが、同時に体脂肪の合成を促進するので、その状態が長引くとどんどん太ってきます。

これ以外にも糖質が多く含まれる食品に、さつま揚げや蒲鉾《かまぼこ》などの練り物があります。これらの食品の「つなぎ」には澱粉が使われることが多く、味付けに砂糖が加えられていることも多いので、注意しなければなりません。

また、油を使う食品や料理はおいしいものですが、基本的にエネルギーが高いので、ダイエットには向きません。

ただし、ビタミンAやD、Eなどの脂溶性ビタミンの吸収には、油が欠かせないので、動物性の油より植物油を使うようにしましょう。とくにオレイン酸を多く含むオリーブ油には、身体に有害な悪玉コレステロールを減らし、有益な善玉コレステロールを減らさないメリットがあります。

ダイエット中の食事では、調味料の使い方にも気をつけましょう。味付けが濃いと塩分や砂糖を取り過ぎるだけでなく、ついついご飯が進んで食べ過ぎてしまうからです。塩分を取り過ぎると身体がむくみ、高血圧や胃がんなどの病気の原因になることもあります。

健康な人が一日に必要な塩分量は10g以下ですが、ダイエット中であれば、7g以下に抑えた薄い味付けにするのが正解です。

また、多くの加工食品にも塩分がたくさん含まれています。たとえば、アジの開きやハム・ソーセージなどには、保存用に多量の塩分が含まれているので、調味料を控えめにする工夫が必要です。反対に、ダイエット中に甘味がどうしてもほしくなったら、コーヒーや紅茶には低カロリーの人工甘味料を用い、煮物の味付けには、やはり低カロリーの味醂《みりん》を使うようにしましょう。

3　さまざまな運動療法

◆ダイエット効果がある「有酸素運動」

前述したように、私たちが食事療法だけで減量すると、体脂肪だけでなく、筋肉などの組織まで減ってしまう欠点があります。これらの組織の減少を抑えながら、体脂肪を減らすには、運動療法を併用する必要があるのです。

運動療法の効果として期待されるのは、エネルギーの消費量が増加することですが、ストレスの解消にも役立ちます。一定期間運動を継続すれば、筋肉量が増して基礎代謝が上昇し、体脂肪を減少させることができます。

では、どの程度運動をすればいいのかといえば、米国スポーツ医学会が一九九五年に発表した「健康のための活動指針」によれば、ウォーキングやプール内での水中歩行など、中くらいの強度の運動を、毎日最低三〇分以上行えばいいとされています。けれども、無頓着な食事をしながら、運動だけで体脂肪を減らすのは意外にむずかしいものです。「三〇分のウォーキングで汗を流しても、その後にバナナを食べれば元の木阿弥《もくあみ》」と言われるのはそのためで、運動療法に食事療法を併用してこそ、科学的なダイエットと言えるでしょう。

ところで、運動には歩いたり走ったりする「動的運動」と、その場で、腕立て伏せや筋肉トレーニングなどを行う「静的運動」があります。前者には「有酸素運動」と「無酸素運動」があり、基本的にダイエットに向いているのは「有酸素運動」の方です。

有酸素運動とは、ゆっくり長時間行うことによって、体内に多くの酸素を取り込む運動のことで、水泳やウォーキングなどに代表されます。それに対して無酸素運動というのは、短時間に集中して行う重量上げや100m競走などに代表され、運動中は呼吸を止めるので、体内にほとんど酸素を取り込みません。

私たちが「動的運動」を行うと、まず最初に、血液中の糖分や筋肉や肝臓に蓄積されたグリコーゲンなどの「糖質」が消費され、その次に体脂肪が燃やされるため、ダイエットには継続時間の長い有酸素運動の方が効果的なのです。しかし最近の調査では、有酸素運動によって消費される体脂肪量は意外に少ないことが分かってきました。

したがって、引き締まったボディをつくるには、ストレッチや体操などの静的な運動も合わせて行いましょう。これらの運動を反復すれば筋肉が引き締まるだけでなく、身体の柔軟性を保つこともできるからです。

◆「ダンベル体操」はダイエットに向くか？

繰り返しますが、有酸素運動（エアロビクス）とは、ゆっくり時間をかけて心臓や肺を動かし、十分な呼吸によって取り入れた酸素を体内に送り込みながら行う運動です。これに対して無酸素運動（アネロビクス）は短時間に力を集中して行う運動で、運動中は一時的に息を止めるのが特徴です。

ただし有酸素運動でも、強度や時間が増すことによって無酸素運動の要素が加わることもあります。たとえば水泳でも、息が切れるほどハードな練習をすれば、無酸素運動になる場合があるように。無酸素運動では筋肉中のグリコーゲンは消費されますが、短時間なので、体脂肪が燃えるところまでいきません。

そのうえ、ふだん運動をしていない人がいきなり始めると、身体に負担がかかり、筋肉痛や関節障害など、予想外のアクシデントに見舞われることがあります。ジョギングやエアロビクスダンス、縄跳びなど、上下動の激しい運動は足腰に負担がかかるので、中高年がいきなり始めるのは避けた方が無難でしょう。

要するに、「ダンベル体操」は、ダンベルを用いて腕などに負荷をかけて筋肉をつける運動で、筋力アップとシェイプアップを目的とするものですが、筋肉量の増加は基礎代謝の増加につながることはたしかです。そこで、〝話題になっているからぜひやってみたい〟と思うなら、次のような点に注意すれば、中高年でも無理なく行うことができるでしょう。

①体脂肪を減らすには、かならずウォーキングなどの有酸素運動と組み合わせて行うこと。

②ダンベルで負荷をかけている筋肉を十分意識し、筋肉を縮める時に息を吐き、伸ばす時に吸うようにする。

③運動を始める時のウォームアップ、終える時のクールダウンでストレッチを十分行い、身体に急激な負荷をかけないようにする。ダンベルは１・５～２ｋｇ程度の重さが適当で、とくに四〇歳以上の場合は２kg以下にすること。

◆「ＥＭＳ」のダイエット効果

ここ数年、筋肉の増強やシェイプアップ効果をねらう健康器具として、人気を集めている製品に「ＥＭＳ（電気的筋肉刺激）」があります。

テレビ・ショッピングなどを利用して、一時盛んに宣伝活動を行ったこの米国製健康器具は、〝電気刺激で自動的に筋肉の収縮を促《うなが》し、たるんだお腹を自然に引き締めます。それは、たった一〇分で六〇〇〇回の腹筋運動に匹敵《ひってき》します〟と謳っています。

取扱説明書によれば、その原理は、パッドを通じて伝わる微弱な電気パルスが、生体の神経信号をまねることによって、筋肉を刺激して収縮させるものです。

ところが、使い方によっては重大な副作用が出ることがあり、腹部に長時間当てると内臓を刺激し、下痢や吐き気、失禁などの症状が出ることが報告されただけでなく、〝説明書どおり数値をセットしたら、お腹が痛くて痛くて耐えられなかった〟という声も寄せられています（「週刊文春」／二〇〇二・四・二五号）。

そのうえ、国民生活センターの調査によれば、EMSベルトをしっかり装着しないと、接触した皮膚の一部に多量の電流が流れ、低温火傷《やけど》をする恐れがあることが分かってきました。同年八月末までに四八件を数えた苦情では、「小豆《あずき》大の火傷ができた」という皮膚障害が約八割を占めたそうです（二〇〇二・九・二五付朝日新聞）。

これに対して、〝皮膚にパッドを密着させれば問題ない〟と反論されていますが、米国のFDA（食品医薬品局）では、「使い方によっては、電気ショックと火傷を含む危険がある」と製品の回収命令を出したようです。

そもそも、電流で筋肉を短時間刺激しても、そこで消費されるエネルギー量は、微々たるものだということをご存じでしょうか。

ふつう、私たちの体脂肪を1kg減らすには、7200kcalのエネルギーを消費しなければなりません。私たちが、一日に食物から摂取するエネルギーは約２０００kcalで、１kgを消費するには、三日半絶食しなければなりません。

これを運動量に換算すれば、フル・マラソンを三回走らなければならない勘定になります。

したがって、ＥＭＳによる筋肉運動では、お腹の脂肪を燃やすことはできません。

◆ＥＭＳにも痩身効果のある製品がある

しかし、最近のＥＭＳには生体に流す電流の周波数や、その強弱、間欠動作など、実にさまざまな製品があります。

最初は生体の筋肉刺激電流をまねた低周波の製品から始まりましたが、その後、中間波や高周波、混合波形などを用いた、さまざまな製品が発売されています。その中には、医療機器として承認されている製品もあり、ソニックスリムとの併用で、「運動」の代替に成功したテクノリンク社製の製品もありました。

たしかに、ＥＭＳの反復使用によって、エネルギーの消費量は少なくても筋肉が少しずつ増量され、この増量は積算されるので、繰り返し行えば筋肉が次第に増えてきます。

ご存じのように、筋肉の増量は基礎代謝量の増加を促しますが、これは四六時中、連続するため、一日当たりのエネルギー消費量もかなりの数字に達します。つまり、ＥＭＳには間接的な形で、全身の痩身効果があるといえるでしょう。

そこで、NARL超音波照射後の運動の代わりにEMSを併用して、効果をあげている例が複数報告され、33頁には科学的な例示があります。ただし、EMSを用いた部位がやせるわけではなく、NARL照射部が主にやせます。

◆局所マッサージや遠赤外線の効果

また、これとは別に「お腹や脚の部分やせをしたい時は、毎日その部分を揉《も》み出すようにマッサージすればいい」という考え方がありますが、これも間違いです。

マッサージや揉み出しによって体内の「水分」が排出され、一時的にやせたように感じることがあるかもしれませんが、物理的な力によって体脂肪を分解することは不可能で、部分やせを実現することはできないからです。

「やせたい部分に、ビニールラップを巻いておけばやせられる」という説（?）もこれと同じで、ラップを巻くことによって汗が出て、一時的に体重が減ったように感じるかもしれませんが、体脂肪を燃やすことはできません。

さらに、「やせたい部分に遠赤外線を当てると、その部分の脂肪が分解され、部分やせができる」という説がありますが、遠赤外線による「共振現象」には、脂肪を分解するほどの力はないことが分かっています。

このことについては、前田総合医学研究所の前田華郎所長も、「遠赤外線を当てることによって、部分的にやせた事例はない」と述べています（日本テレビ「特命リサーチ２００Ｘ」／二〇〇二年六月二三日放送）。

◆ウォーキングと水中歩行の効果

ダイエットには、ＥＭＳのように筋肉を短時間に動かす運動ではなく、毎日じっくりと体内に酸素を取り込んで行う有酸素運動が向いています。

その意味では、ウォーキングは、〝歩く〟ことを基本とするもっとも簡単な有酸素運動です。これまでほとんど運動経験がなく、肥満に悩んでいる人は週三日、二〇～三〇分程度歩くことから始めましょう。

ウォーキングの最大の特徴は、ジョギングやエアロビクスダンスなどと比べて、身体への負荷が小さい点にあります。ジョギングの場合は、両足が空中に浮いて着地した時、関節や筋肉に大きな衝撃が加わります。ところがウォーキングでは、両足が地面から離れる瞬間がなく、どちらかの足が地面に接しているので、着地時の衝撃が少ないのです。

運動不足を解消して肥満を予防するには、一日３００ｋｃａｌ程度のエネルギーを消費する必要がありますが、そのためには毎日一万歩歩く必要があります。

毎日七〇〇〇歩以下しか歩いていない人は、運動不足と考えられますが、いきなり一万歩に増やそうとするのではなく、一週間に10%ずつ増やしていくといいでしょう。あせらずにゆっくりと、「一日一万歩」をめざすのが運動量を増やすコツです。

ただし、かなり重症の肥満体の人は、歩くこと自体が億劫《おっくう》になっており、自分の身体の重さで膝を傷《いた》めることがあります。そんな人にすすめたいのは、近くのプールで行う「水中歩行」です。浮力のある水中では、体重が約一〇分の一となり、重症の肥満者でも、重い身体を楽々と動かせるからです。

たとえば、エアロビクスダンスの場合、運動量が多すぎると膝への負担が大きくなりますが、水中ではその心配がなく、ふだん陸上では動かしにくい関節も動かしやすくなります。

さらに「水中歩行」には、水温と水圧がもたらす特殊な効用があります。まずプールの水温は人間の体温より低いので、水に入っているだけで体温が奪われ、余分なエネルギーを消費することができます。

また、水の中では常に水圧がかかり、身体が普通とは異なる圧力を受けるので、心臓や肺が血液の循環を良くしようと頑張ります。その結果、心肺機能がアップして新陳代謝が良くなり、余分なエネルギーが消費されるのです。

また、直接的なエネルギー消費だけでなく、筋肉量が増加することによって起こる基礎代謝量の増加が、ダイエットに有効なことは忘れないようにしましょう。

4　生活習慣の見直しと体質の改善

◆太りやすい食生活をチェック

現在の日本では、ＢＭＩ２５以上が肥満とされていますが、肥満が原因となる病気は一〇以上に及び、心筋梗塞や脳卒中などの重い病気の遠因にもなるため、過小評価するのは禁物です。

どれくらいの人々が肥満に悩んでいるかと言えば、三〇歳以上の男性と六〇歳以上の女性では、人口の約三割が肥満者で、欧米型の食生活やストレスの増大に運動不足が加わり、肥満者率がじりじり増加しています。

こうした肥満を予防し、健康な毎日を送るためには、第一に「食生活」に気をつけなければなりません。医学的に見ても、食生活の改善によって肥満を予防し、さまざまな生活習慣病を克服できることが明らかになっています。

平成一二年の「国民栄養調査」では、現在の日本人は肉類をとり過ぎる一方で、ご飯を食べる量が少なくなり、一日当たりの食塩摂取量も多すぎるという問題点が指摘されています。

とくに肉類の増加がいちじるしく、男女とも一日当たりの適正量である60gを超えています。肉類の成分は動物性蛋白質と脂質ですが、動物性蛋白質をとり過ぎると、高尿酸血症や痛風を起こしやすくなり、腎臓に負担をかけることになります。

また、動物性脂肪をとり過ぎると、太りやすくなるだけでなく、血液中のコレステロールや中性脂肪が増えて、生活習慣病の温床になりかねません。

多くの肥満者に共通するのは、全体的なエネルギーの過剰摂取で、糖質や脂質の摂取量が多いようです。とくに、副食に含まれる糖質のとり過ぎが肥満の原因になっているのは明らかです。

そのうえ、肥満者特有の太りやすい食習慣があります。たとえば、不規則な食事回数やまとめ食い、早食い、家族の一緒盛り、深夜の夜食などです。

基本的に一日の摂取エネルギーが同じなら、食事回数の多い方が太りにくく、まとめ食いは太りやすくなります。不規則な食事は消化・吸収のバランスを崩すことにもなるのでやめた方が無難です。

早食いも肥満者に共通する食事法で、口内で食べ物を嚙む回数が少ないことを意味します。嚙む動作は、それだけで脳内の満腹中枢を刺激して満腹感を与えてくれますが、よく嚙まずに早食いをすると、必要以上に多量の食物が胃に入り、太りやすくなるのです。

さらに、家族が料理を大皿に一緒盛りにすると、自分の食べた量が分かりにくくなり、大食いの人はエネルギーの過剰摂取になりやすいので注意しましょう。一緒盛りが多い家庭では、家族全員が肥満体というケースをよく見かけるのは、そのせいかもしれません。

このように、肥満を予防するには、栄養のバランスを心がけるとともに、太りやすい食生活になっていないかどうかチェックすることが大切です。

◆外食時にはメニューに工夫を

前述の「国民栄養調査」によれば、二〇代～三〇代の日本人男性は過去二〇年来、太り続けています。ところが、三〇代以上の男性で、「栄養や食事について考えたことがない」男性は全体の約三割に及び、三〇～六〇代の女性の三倍に達しました。

この世代の男性は大変多忙で、定時に自宅へ帰れないため、昼食や夜食を「外食」で済ませることが多いようですが、問題はその際の食事内容です。

基本的に、エネルギーの過剰摂取を抑えて肥満を予防するには、洋食や中華料理より、「和定食」にする方がいいでしょう。そして定食類の中でも、フライや天麩羅《てんぷら》、野菜炒《いた》めなどの「油物」より、煮魚や焼き魚など、「煮物・焼き物」を選ぶようにしましょう。定食に付き物の小鉢料理は、野菜や海藻の和《あ》え物、煮物などを選べれば、さらにベターです。

定食ではなく、単品料理から選ぶ場合は、なるべく具の多いものを食べるのがコツです。

それでも野菜類が不足しがちなので、サラダや和え物、酢の物などを追加するか、自宅の食事で補うようにすること。ただし、サラダドレッシングはカロリーが高いので控えめにし、マヨネーズは極力避けるようにしましょう。

肉料理より、魚や野菜を使った料理を選ぶのが基本中の基本です。

◆お酒、タバコとダイエット

最近は男性だけでなく女性たちも、ビールやワイン、ウィスキー、焼酎などをたしなむ人が増えてきました。適量のアルコールは、ストレスの解消と気分転換に有益ですが、ダイエットとの関係で見ると、どうでしょうか。

基本的にアルコールというのは、お酒の種類を問わず、1gで7kcalのエネルギーを持つ高カロリー飲料です。日本酒なら1合が約200kcal、ビールなら350ml缶で135kcalになります。ウィスキーもダブル1杯で約140kcalありますが、栄養素は含まれていない「エンプティ・カロリー食品」です。

しかも、お酒を飲むと、アルコールは肝臓で処理されて体外に排出されますが、一緒に食べた「つまみ」が、体脂肪の元になるので注意しましょう。

ダイエット中には、どの程度のアルコールが適量かと言えば、一日の目安をご飯一杯分相当の160kcal以下に抑えるようにしましょう。それぞれのお酒に換算すると、次のようになります。

日本酒／0・8合（150ml）、ビール／中ビン1本（500ml）、焼酎／コップ0.5杯（80ml）、ワイン／グラス2杯（200ml）、ウィスキー／シングル2杯（70ml）

なお、健康的なお酒の飲み方について付言すれば、「つまみ」はなるべく野菜や海藻、豆類など、低カロリー食品を選ぶようにすること。週二～三日は休肝日を設けて、濃い酒はなるべく薄めて飲む。身体への負荷がかさむ自棄酒《やけ》や、つきあい酒は控えることなどがポイントです。

ダイエットとタバコの関連性はどうかと言えば、「タバコをやめると太ってしまうから、やめない」という人が少なくありませんが、これは大きな誤解です。

実際にはむしろ逆で、ヘビースモーカーほど体重が増えやすいという研究結果さえあります。その原因は解明されていませんが、タバコに含まれる成分が体内の脂肪代謝を阻害するためと思われます。

たしかに禁煙後には、一時的に太る現象が見られますが、その原因は禁煙によって口が寂しくなり、ひんぱんに間食をするからです。つまり禁煙によって太るのではなく、そのことから生じる、エネルギーの過剰摂取によって太ると見たほうが良さそうです。

◆中年太りを解消するポイント

一般に、中年になると太る人が多いのは、筋肉量が減少することによって基礎代謝が低下するだけでなく、一日の活動量が減ることによって、消費エネルギーが低下。新たに肥満遺伝子が働き始めるため、若い頃より食べる量は減っているのに、太る人が多くなるのでしょう。

このうち、遺伝による肥満はまだ変えられませんが、基礎代謝や消費エネルギーの低下に対しては、生活習慣やライフスタイルを改善することで対処することができます。そのポイントは以下の四点で、とにかく過食を避けて規則正しい生活をすることが、中年太りを解消する何よりの秘訣になるでしょう。

①毎日の食事内容や食習慣を見直す
②中高年でもできる運動で身体を動かす
③ストレスの発散をお酒や過食に求めない
④夜更《ふ》かしや夜食をやめ、メリハリのある生活を送る

5　最後の手段ー「薬物療法」と「外科治療」

◆食欲を抑え、消化・吸収を阻害する薬

これまで見てきたように、肥満を解消するダイエットの基本は「食事療法」と「運動療法」ですが、それだけでは十分な減量ができない場合や、病的な肥満を治療するために医師による「薬物療法」が行われます。その特徴は短期間に減量効果が現れ、減量を人工的に操作できる点で、欧米では数種類の抗肥満薬が広く発売されています。

日本でも「中枢性食欲抑制剤」と「消化吸収阻害剤」の二種類が処方されており、主な薬品に、以下のようなものがあります。

①「中枢性食欲抑制剤」

・マジンドール（サノレックス）

〜スイスで開発されたアドレナリンの作用を高める薬で、欧米での臨床経験は長く、日本でも一九九二年から、高度肥満症（ＢＭＩ３５）の人を対象とし、三ヶ月の連続使用を

限度として実用化されています。

薬の効果はゆるやかですが、約三〇〇例を対象とする報告では、毎日一～三回、一四週間投与した結果、全期間を観察できた一一五例では、平均4・5kg体重が減少したそうです。

・シブトラミン

～当初はイギリスで、抗鬱薬《こううつやく》として開発されましたが、臨床試験段階で体重の減少が見られたため、抗肥満薬として米国では承認されています。食欲の抑制効果と、褐色脂肪組織での熱産生を刺激することによって減量効果を発揮します。

一日5mgを二四週間投与することによって平均3kg、10mgの投与によって平均6kg体重が減少したことが報告されています。ただし、口の渇きや不眠、便秘などの副作用があるのが難点です。

②「消化吸収阻害剤」

・オルリスタット（ゼニカル）

～米国で開発された薬で、小腸で摂取した脂肪の分解を抑制し、摂取エネルギーを減少させる薬です。一日360mgを一二週間投与した結果、平均して4・7kgの減量が見られました。しかし、軟便や腹痛などの副作用があります。

このほかにも、体脂肪の蓄積を阻害する薬や、新陳代謝を促進する薬などが開発されていますが、高血圧や高脂血症などに用いられる薬と同様、比較的長期間に及ぶ投与が必要で、副作用に対する安全性を確保することが課題になっています。もちろん、医師によってのみ投与が許され、一般人では不可能です。

◆執刀医の選定がむずかしい「脂肪吸引法」

肥満症の治療には、もう一つの方法として「外科治療」があります。これは、BMI40以上の重症肥満者に対するものと、美容形成外科で行うものとに大別されます。

米国では、こうした外科手術が年間二万例も実施され、その他の欧米諸国でも数多く行われていますが、日本ではまだ年間一〇〇例ほどにすぎません。日本では欧米ほど重症の肥満者が多くなく、全体的に薬剤への依存傾向が強いからでしょう。

まず、重症の肥満者に対する外科手術には、胃や小腸の消化吸収能力を機械的・機能的に低下させ、摂取エネルギーを減少させて減量する「胃バイパス手術」や「胃形成術」などがあります。

前者は胃の中に小さな袋をつくり、食物が通過するルートと消化液が通過するルートに分断するもので、術後に元の体重の三分の二以下に維持することができるようです。

また、美容形成外科では「脂肪吸引法」が盛んで、米国では年間約五〇万人が受けている人気のある手術です。これは直径数ミリの金属管を皮下脂肪に挿入し、脂肪を真空圧で吸い出すものですが、吸引する脂肪量は1〜2リットル前後で、これを体重に換算すればそれほどの減量にはなりません。

その目的は、余分な皮下脂肪を除去して体型を整えることですが、手術後に体表がデコボコになってしまったり、出血や死亡例もあるので、執刀医の選定には十分注意が必要です。

脂肪吸引の手術には腹部で約五〇万円、片足で約三〇万円、両足と腹部で一一〇万円程度かかりますが、せっかく脂肪を吸引しても、生活習慣が元のままなら、一年もすれば元通りになってしまうかもしれません。

［第5章］ついに誕生した〝部分やせ美容法〟！
～世界が驚いた「ＮＡＲＬ超音波」～

１　健康的に脂肪を減らす

近年、多くの先進国では「肥満」が原因となる病気が増えており、米国では糖尿病や脳疾患、心臓疾患など、肥満に起因する病気の医療費が総医療費の４０％に達しています。日本でも、食生活やライフスタイルの欧米化が進むことによって、肥満者が増加。ＢＭＩ（体格指数）２５以上の人口は、約二三〇〇万人（男性一三〇〇万人、女性一〇〇〇万人）に達しています。

このうち約半数は高脂血症や高血圧症、糖尿病などの生活習慣病（成人病）を合併している「肥満症」で、この人たちは体重を減らすだけで、病気を改善することができます。

他の半数は健康な人々ですが、体重を減らすためのダイエットは、なかなかコントロールがむずかしいのが実状です。最近は各地の病院に「肥満専門外来」が設けられ、深刻な生活習慣病をかかえる中高年の患者に加え、自己流の過激なダイエットに失敗して、体調を崩した若い患者たちが増えています。

現代では、短期間に簡単に体重が減ると宣伝するダイエット法があふれていますが、そうした過激なダイエットは、体脂肪だけでなく、筋肉や骨量まで減らしてしまうものが多いのでお勧めできません。

その結果、やせるというより〝やつれて体調を崩す〟トラブルが頻発《ひんぱつ》していますが、健全なダイエットの原則は、余分な体脂肪を適度に減らすことによって、筋肉や骨を損なうことなく、美しく健康的にやせることだということを忘れないようにしたいものです。

とくに、女性たちの永遠の願望である〝部分やせ〟については、余分な脂肪を取り除く外科手術まで行われてきましたが、〝健康的に美しく部分的にやせたい〟という人々の夢はなかなか実現しませんでした。

吉田俊秀・京都府立医科大学教授の研究によれば、日本人にはエネルギーを効率良く貯める、「倹約遺伝子」を持つ人が多いので、太りやすく、痩せやすい遺伝子を持つ人が少ないそうです。

そのため、なかなか体重が減らない難点がありますが、今後は個人の遺伝的体質を診断し、〝テーラーメイド〟で肥満に対処することになります。

その点、三輪サイエンス研究所が開発した「ソニックスリム」は、特定の部位にＮＡＲＬ超音波を照射することにより、ボディラインをテーラーメイドで整える画期的な機器として、内外の注目を集めています。

この章では、こうした〝夢の部分やせ美容法〟がどのように開発されたのか、少し専門的な内容になりますが、研究の経緯をふりかえってみたいと思います。

２　「ＮＡＲＬ超音波」の発見と解明

◆ラットへの超音波照射実験が発端となる

前述したように、さまざまなダイエット法は、自己コントロールがむずかしく、科学的に怪しいものも少なくありませんが、〝やせたい部分だけやせる〟ことを望む人々が多いことも事実です。

従来はそのための決定的方法はないとされ、日本肥満学会も、〝部分やせ〟は不可能だと表明してきました。しかし、以前から超音波による痩身の可能性に注目していた私は、その頃、某新聞の「肥満特集」で、愛媛大学医学部の奥田拓道教授（現・熊本県立大学環境共生学部教授）が発表された脂肪分解のメカニズムの記事を見て、「これだ！」とひらめいて、さっそく奥田教授に電話をかけ、私たちの研究にアドバイスをいただけないかとお願いしたのです。

すると、その趣旨に賛同してくださった教授は自費で上京し、共同研究に参加していただけたのです。

まず平成九年（一九九七）、東京慈恵医科大学総合医科学研究センターME研究室とホンダ電子の協力を得て、ヒトに超音波を照射する際の安全な周波数と強度範囲を決める試験を行いました。

同センターの古幡博教授と進めたこの試験では、生理的な化学作用が予測される20kHz～1MHzの範囲内で、六種の周波数の振動子と駆動回路を作り、米国製パワーメーターで強度を調整。

1000mW～1mW／c㎡の強度の範囲内で、ヒトの血液が溶血するか、ブタの脂肪組織が砕かれるかどうかの実験を行い、100kHz以下では溶血が起こることを確認しましたが、細胞は破砕されませんでした。

以後二年間、木野正人研究員の協力を得て六回（各一週間）にわたってラットに超音波を照射し、ラットの血中の遊離脂肪酸の増え方を調べる実験を続けました。遊離脂肪酸は、脂肪が分解した時に生成される物質だからです。

具体的には、周波数２４ｋＨｚ～１０００ｋＨｚ、強度１～１０００ｍＷ／ｃ㎡の範囲内で一〇分間、超音波をラットの腹部に照射して、脂肪が分解した時に血液中に生成される遊離脂肪酸（ＦＦＡ）の増加率を調査したのです。

すると、特定の周波数（３００～８００ｋＨｚ）付近で、とくに５１７ｋＨｚ付近では、５～１１０ｍＷ／ｃ㎡という広い強度の範囲内で、遊離脂肪酸が約二倍に増えることを確認しました。

その強度の範囲内なら効果は同じで、それ以上でも以下でも効果はないことが分かりました。

しかも、その広い強度範囲は、生体組織の透過中の吸収を考慮しても、体表から体内の深部までカバーできて、有効だということが分かってきたのです。

多くの動物は、主として食物からの栄養をエネルギー源にしていますが、それを消費し尽くすと、体内に備蓄したエネルギー源である脂肪を分解して利用します。

実際、過激な運動をした後や飢餓状態の時は、大脳の視床下部の指令で、副腎からアドレナリン、全身の交感神経の末端から、ノルアドレナリン（ノルエピネフリン）と呼ばれる脂肪分解ホルモンが放出されます。

このホルモンが脂肪細胞に作用して細胞中の脂肪滴を分解し、「遊離脂肪酸」（ＦＦＡ）をエネルギー源として生成。血液中に送り出された遊離脂肪酸は、必要な部位に補給され、燃焼・消費される仕組みになっています。

私たちの実験で、ラットに照射された超音波は、大脳からの指令とは関係なく、照射部位の交感神経の末端から脂肪分解ホルモンを放出させた結果、脂肪の分解物である遊離脂肪酸を全身血中で約二倍に増やしたのです。

理論的には、こうして増えた遊離脂肪酸を運動などで消費し、体内に戻らないようにすれば、やせることができます。しかも、超音波を当てた周辺だけ、部分的にやせることができるのではないかと推定できます。

このような推論に勇気を得た私たちは、さらに実験を重ねることにしました。

私たちが共同研究で確認した遊離脂肪酸の倍増は、本当に脂肪分解ホルモン（ノルエピネフリン、通称はノルアドレナリン）の放出によって起きた現象なのだろうか？

私たちはそのことを調べるため、徳島大学医学部第二生理学教室の妹尾広正先生に協力を仰ぎ、ラットの腹部の白色脂肪組織に腎透析《じんとうせき》に用いる直径０・５ｍｍのマイクロ透析プローブを挿入。周波数５１７ｋＨｚ、強度１１０ｍＷ／ｃ㎡の超音波をその部位に照射して、管中の透析液ににじみ出るノルアドレナリンの濃度を測定してみました。

その結果、一〇分間の照射で、照射前の二倍以上の増加が観察されただけでなく、約一時間休憩した後の再照射でも、やはり二倍以上増加。同じ実験を四回繰り返して、同じ結果が出ました。

妹尾先生はそれ以前に、肩甲骨間の褐色脂肪細胞への照射によって、ノルアドレナリンの放出を観察されていましたが、この実験で、超音波による交感神経の末梢刺激により、ノルアドレナリンが放出されることが実証されました。そこで、この特定の超音波を「NARL（Nor Adorenaline ReLease）超音波」と命名しました。

こうして遊離脂肪酸の増加は、NARL超音波の照射によって局所の交感神経が刺激され、脂肪分解ホルモンが放出されることに起因することがほぼ確実になったのです。

◆ノルアドレナリンの放出を映像化

このようにラットの白色脂肪組織で局所のノルアドレナリン濃度は倍増しましたが、これはおそらく交感神経の末端からNARL超音波の照射によって放出されたと推定されます。

そこで、国立精神神経センター武蔵病院の大西隆先生は、ノルアドレナリンと同じ挙動をする放射性沃度《ヨード》を含むMIBGを人体に注入。交感神経の集中している顎下腺～耳下腺に貯留するMIBGからの放出X線を検出し、その分布を映像化するSPECT（Single Photon Emisson CT）によって、ノルアドレナリンの貯留とNARL超音波による放出を映像でとらえることに成功されました。

　私の推定は、まさに正しかったのです。

◆ヒトの大腿部に一〇分間の照射実験

　さて、ラットのような小動物の場合は、全身に超音波を照射するため、遊離脂肪酸は全身の血中で検出されましたが、ヒトのような大きな生物への局所照射でも、血流に乗って全身に回るのか、それとも脂肪分解ホルモンは、局所的に作用するのかが問題になります。

　そこで私たちは、次の段階として、ヒトの「部分やせ」を実現できるかどうかを探る、重要な実験に取り組むことにしました。

　この実験では、愛媛大学教育学部体育学研究室の杉山允宏教授に協力していただき、延べ二週間（一〇日間）にわたって、ヒトの右大腿部に、500kHzの超音波を一〇分間照射。照射しない左大腿部と比較したところ、明らかに右大腿部で、脂肪の減少が認められました。

　その結果は、ヒトの「部分やせ」の可能性を示し、きわめて重大な意味をもっていたので、さらに実験の精度を上げるべく、接触圧のない独自の「皮下脂肪厚測定法」を開発。なるべく誤差の少ない部位を選んで500kHz、110mW／c㎡の超音波を一日一〇分、一〇日間照射する実験を、再度行ったのです。

そして、右大腿部の浅部脂肪層の厚さは変化しないものの、深部脂肪層が約２０％減少することを確認しました。

この実験の後には、血中に放出された遊離脂肪酸を消費するため、約４０ｋｃａｌを消費するトレッドミルによるランニングを一〇分間行いましたが、これは超音波を照射しない場合、それだけでは脂肪の分解が起こらない程度の運動量です。

この実験によって、超音波の照射は、ヒトの皮下脂肪の減少にも効果があることが立証されましたが、「部分やせ」に最適な条件を確定するには、さらに実験を繰り返すことにしました。

◆さらに厳密に「部分やせ」の可能性を探る

そこで平成一一年（一九九九年）、東京慈恵医科大学健康医学センターの池田義雄教授と佐々木温子先生（いずれも日本肥満学会理事）の協力を得て、左右大腿部よりもっと近接した、ヒトのヘソの右に超音波を照射。その結果を照射していない左の部分と比較して、さらに厳密に「部分やせ」の可能性を探ることにしたのです。

具体的な手順は、複数の被験者のヘソの左右の皮下脂肪の厚さを超音波断層撮影装置を用いて測定。それに次いで、ヘソの右横５ｃｍの位置に直径１０ｃｍの超音波（５１７ｋＨｚ、１１０ｍＷ／ｃ㎡）を毎日一〇分間照射した後、エアロバイクで約一五分、６０ｋ ｃａｌの運動をしてもらいました。

そして土・日を休んで１０日間毎日（延べ１６日）、超音波で腹部の皮下脂肪厚を測定し、照射しなかったヘソの左横５ｃｍの脂肪厚と比較したところ、一〇日目に右横の脂肪減少率が左横に比べると、平均で１２％も減少したのです。また、当初から皮下脂肪が厚かった被験者の中には、２０％以上減少した例も見られました。

この結果は、明らかに超音波を当てた部位のみがやせたことを示していたので、同一一年に開催された日本肥満学会に超音波による遊離脂肪酸の産出と、大腿部皮下脂肪の減少を報告しました。

そして、翌一二年（二〇〇〇年）五月のヨーロッパ肥満学会で、私と佐々木先生の共同研究として、ラットによる基礎研究と、ヒトの腹部照射実験の成果を発表することができました。

◆安全性を確認して国際特許を取得

なお、これらの実験に使用した超音波照射装置の安全性については、あらためて平成一一年に東京肥満研究所の周哲男氏と、東京慈恵医科大学健康医学センターと、同大学ＭＥ研究室の古幡博教授の協力を得て、実験を行いました。

実際にヒトの大腿骨を含む大腿部、腹部ヘソ右、背面腎臓部に、周波数５００ｋＨｚ及び１ＭＨｚ、強度２３０ｍＷ／ｃ㎡以下の超音波を照射したところ、まったく異常はなく、血液にも変化は見られませんでした。

また、ヘソの右に５１７ｋＨｚ、１１０ｍＷ／ｃ㎡の超音波を一日一〇分、一〇日前後照射した後、被験者の血圧や脈拍、尿など一七項目、血液三二成分の検査を実施しましたが、とくに異常は見られず、安全と判明。いずれの場合も、実験後四年を経過した時点で異常はなく、安全性について問題はないことが分かりました。

平成一五年（二〇〇三年）現在、「ＮＡＲＬ超音波」（ＮＡＲＬ＝Nor Adorenalin ReLeaseの略）の安全性は、世界超音波医学界や米国超音波医学会、米国食品医薬品安全局、米国放射線防護・測定審議会の安全基準を満たすもので、連続照射が許される範囲であります。

こうした成果を踏まえて、三輪サイエンス研究所は、「部分やせ」を実現する超音波の有効周波数と強度、各種照射方式について特許を出願し、平成一一年八月一二日に公開されました。

そして、同一四年九月に米国で特許を取得（登録番号／６４５０９７９）し、一五年四月に日本でも取得（登録番号／３４１６９０９）。このほかＥＵやカナダ、ブラジル、韓国、中国など、世界の五地域で特許審査を請求中です。

また、複数の振動子による広面積照射も、ＰＣＴ国際特許出願基準に合格したため、日本と米国を含む七地域で特許の審査を請求中です。

◆日本肥満学会も「部分やせ」を認める方向へ

日本肥満学会は、長年にわたってヒトの「部分やせ」は不可能だという見解をとってきましたが、最近は「部分やせ」の可能性について、控えめな表現ながら認める方向へ変化しています。

平成一三年（二〇〇一年）七月三〇日に発行された「肥満・肥満症の指導マニュアル」（同学会編集委員会・編）には、以下のようなコラムが掲載されていますので、少し長くなりますが引用させていただきたいと思います（p183参照）。

Q　体の一部分だけ、体脂肪を減らしてやせる「部分やせ」は可能でしょうか？

A　太ってもいないのに、「やせ願望」の女性が多いのには驚かされます。実は、この「やせ」は、プロポーションがよくなりたいという願望なのです。ウェストはやせたいが、バストは太りたいという「部分やせ」願望です。

やせるのは、白色脂肪細胞中の中性脂肪が減少することで、この減少は、脂肪動員ホルモンによって引き起こされます。したがって、部分やせが起きるか否かは、ホルモンと脂肪細胞の両面から考えてみる必要があります。（略）

脂肪動員ホルモンについては、交感神経末端から分泌されるノルアドレナリンと、脳下垂体前葉や副腎髄質から血液中に分泌されるＡＣＴＨやアドレナリンがあります。

この中で、部分やせを引き起こす可能性があるのは、ノルアドレナリンです。局所の交感神経の刺激で、ノルアドレナリンの分泌が高まるなら、その部位の脂肪分解が促進される可能性があります。

ただし、分解されて生じた脂肪酸が筋肉で炭酸ガスと水に分解されることがなければ、ふたたび中性脂肪に合成されます。つまり、局所の脂肪分解に筋肉運動がともなわなければ、部分やせは起こりません。

ホルモン以外の脂肪分解作用を持つ物質を、皮膚表面に塗布することによって、部分やせが引き起こされるかどうかは今後の研究課題です。

◆日本テレビの「特命リサーチ」が報道

「部分やせ」に関する見解がこのように変化する中で、平成一四年（二〇〇二年）六月二三日午後八時から、日本テレビで放送された「ＮＴＶ特命リサーチ２００Ｘ」は、食事制限や運動がいらない究極の〝部分やせダイエット〟として、当研究所のＮＡＲＬ超音波の驚くべき効果を紹介しました。

この番組では、磯子中央脳神経外科病院健康管理センターの土田隆センター長が、二〇歳の大学生の右大腿部に三週間、ＮＡＲＬ超音波を照射し、照射しなかった左大腿部の断面積と比較しました。

するとＣＴスキャンの映像によって、右大腿部の断面積が１０％以上減少し、その周囲のサイズが２・４ｃｍも減少したことが判明。この実験を指導した土田センター長は、「右の大腿部に超音波を当てたことにより、脂肪を落とすことができた」と証言しています。

また、京都府立医科大学第一内科の吉田俊秀教授と松下電工グループは、「超音波をやせたい部分に当てると、脂肪が分解されるとともに熱産生を促進する〝脱共役蛋白質〟（ＵＣＰ１）が増加し、運動しなくても脂肪酸が燃焼し、消費されるのではないか」という仮説を提出しています。

番組ではこの後、食事制限をまったくしなくても、一日一〇分ほど太ももに超音波を当てれば、三週間で周囲が２～３ｃｍも細くなる可能性を示唆。近い将来、超音波で理想的なダイエットが簡単にできるようになると予言しています。

当研究所の「ソニックスリム」こそ、その理想の機器であることは御理解いただけたと思います。

3 「NARL超音波」の使用法

◆照射時間と頻度、遊離脂肪酸を消費する「運動」

では最後に、「ソニックスリム」の使用法に対するさまざまな質問に、もう少し専門的な立場からお答えしておきましょう。

Q1 NARL超音波の一回当たり照射時間は、どれくらいが適当ですか？

A1 東海大学白石助教授のヒトに対する実験では、照射を始めて二～四分間で、ノルアドレナリンの血中濃度が最も高くなり、その後はゆっくり減り始めて、一〇分たつとかなり減少します。

ノルアドレナリンが脂肪を分解し、遊離脂肪酸を産出しますが、遊離脂肪酸は五分後も増加し続け、一〇分後には約1・24倍になりました。また照射中止後も、四〇分で1・3倍、七〇分で1・2倍でした。ノルアドレナリンも、遊離脂肪酸も、ラットの全身に照射した時の2倍より低い数値ですが、局所的な脂肪分解に作用した残りが、全身の血液で薄められた結果なので決して低くありません。
結論的に言えば、一回当たりの照射時間は一〇分で十分だと思います。

Q2　同じ部位に繰り返し照射する効果はありますか?
A2　適当な休止時間をおけば、同じ部位に繰り返し照射することは有効だと思います。まだデータが少ないので不明ですが、照射する部位が変われば、連続照射で効果があることはたしかです。
あまり長時間照射すると、分解された遊離脂肪酸が脂肪に再合成されてしまうので、なるべく長く時間をおかないで軽い運動を二〇~三〇分行い、遊離脂肪酸を消費することをお勧めします。
ただしQ1での東海大での実験では、照射後も遊離脂肪酸は七〇分で1・2倍ですから、九〇分でもなお脂肪に合成されないで血中に残留しています。この間に運動すればよいわけで、照射部位を変えて複数部位を照射し、その後運動することも可能です。

Q3　一週間に何回程度、照射すればいいですか?
A3　これまでに週一回~三回、照射したデータがあります。いずれも、八週間照射を続けた結果、皮下脂肪の厚さが約35%減少したことが確認されています。今後、さらにデータを集めたいと思いますが、現状では週二回程度の照射をお勧めします。

Ｑ４　血中の遊離脂肪酸をどの程度、消費する必要がありますか？

Ａ４　ソニックスリムの「ＮＡＲＬ効果」を有効活用するには、遊離脂肪酸を消費しなければなりません。一回の照射で０・５ｍｍ程度の皮下脂肪の減少が観測されますが、照射面積が５２０ｃ㎠だとすると、減少量は２６ｃｃで、脂肪の比重は０・９ですから２３ｇになります。

そのカロリーは、脂肪１ｇが約７８００ｃａｌなので、１８０ｋｃａｌになります。つまり、この程度の熱量を消費する必要があるということです。

Ｑ５　その熱量を消費する運動が必要だということですね？

Ａ５　はい。私たちは、毎日約２０００ｋｃａｌの栄養を食物から摂取し、エネルギーを消費しています。このうち約１５００ｋｃａｌは基礎代謝と呼ばれて、呼吸や血液循環、体温の維持や物質代謝で消費され、残り５００ｋｃａｌは、消化活動や筋肉の運動などで消費されています。

ヒトが何らかの運動をすると、体内の筋肉量が増えて基礎代謝も増えます。基礎代謝は睡眠中にも行われているので軽視できませんが、熱量の消費に最も確実なのは運動です。

最適な運動量には個人差があり、一般人と運動選手では異なりますが、早足で二〇～四〇分以上歩くことをお勧めします。トレーニングジムなどでは、それに相当する運動を行ってください。

毎回照射を一〇分間行い、その後にエアロバイクで二〇分の運動を続けてもらった薬局（ファーマシーはぎわら）では、約一〇〇名のユーザーのうち一名を除いて全員に有効で、一六回の照射によって、ウェストが約10cm減少したという報告もあります。

あまり効果が出なかったケースは食後の照射が原因で、やはり食前に照射する方が良い結果が出ています。

◆「運動」の代わりになるものを求めて

Q6　私は運動嫌いなのですが、それに代わる方法はないでしょうか？

A6　運動に代わる方法について、現在さまざまな実験を行っていますが、科学的に可能性があるのは、全身の痩身に有効な手段を併用することです。さまざまなダイエットによって、全身がエネルギー不足の状態になっていると、NARL超音波によって産出された遊離脂肪酸が容易に燃焼され、「局所やせ」に有利な状況が生まれるからです。

さまざまな全身ダイエットと、NARL超音波の併用について考えてみましょう。

①「食事制限」の併用

私たちの通常の一日当たりエネルギー摂取量は約２０００ｋｃａｌで、これ以上栄養分を摂取すると、太ってしまいます。したがって、肥満者は摂取量を１６００ｋｃａｌ程度に減らし、月に１～２ｋｇ程度減量することが求められています。

なお、そのための食事制限では蛋白質を減らさず、脂肪や糖分を減らすことが大切です。

②「ＥＭＳ」の併用

ＥＭＳは低周波の弱い電流を局部に流して筋肉を刺激し、筋収縮を起こさせて筋肉を増強する器械です。従来は５ｋＨｚ程度の周波数が使われていましたが、最近は中周波や高周波、混合波形など、さまざまな器械が発売され、医療機器として認定されたものもあります。

痩身については、ソニックスリムと併用することによる、多数の有効例が報告されています。とくにテクノリンク社方式との併用試験では、運動の代わりとして有用でした。一回の照射でウェストが３～４ｃｍ減少し、二〇回の照射で大腿部の周囲が１・２～１・７ｃｍ細くなったとの報告もあります。また、「セルライト」まで消失したとの報告がありますが、どの種類のＥＭＳを、どの程度併用したか不明です。

ＥＭＳを使用すると、筋肉の電気刺激によって収縮時にエネルギーが消費されますが、その量は痩身に十分とはいえません。では、なぜＥＭＳの併用が有効なのでしょうか。

元々、ＥＭＳはスポーツ選手の筋肉増強を目的に開発されたもので、これを反復使用すれば、毎回のエネルギー消費量は少なくても、筋肉が少しずつ増量されます。その増量は積算されるため、多くの回数使用すればかなりのものになります。

その増量の値（グラム）は［10kcal／日・グラム筋肉］により、結果的に一日当たりの基礎代謝量も増加することになりますが、基礎代謝の増加は四六時中連続するので、一日当たりのエネルギー消費量は無視できないものになるのです。

ただし、このメカニズムからお分かりのように、EMSには、筋肉増強による全身の痩身効果がありますが、特定の部位だけやせるわけではないことに注意してください。

③エンダモロジーとの併用

エンダモロジーとは、体表を負圧で吸いあげてローラーで挟《はさ》み、機械的に揉む器械で、皮下脂肪と結締組織が複合し、表皮に小さな凹凸ができるセルライトを消すのに効果があると言われています。

これにNARL超音波を併用すると、脂肪組織を分解して結合を緩《ゆる》める効果があるので、エンダモロジーの効果を増強すると予測されます。また、施術後にも脂肪を分解して減らし、セルライトを消失させる効果があると思われます。

実際に併用した報告を受けましたが、NARL超音波を併用したことによって脂肪分解の速度が早くなり、これまでより明確な結果が出たそうです。

④水泳や温浴、サウナなどの併用

ヒトは恒温動物なので、水泳プール（平均水温２９℃）に浸かると、体表から熱が奪われます。そこで、体温を３６℃に保つため、体内で遊離脂肪酸の燃焼が促進されるので、ＮＡＲＬ超音波で分解された遊離脂肪酸も容易に燃焼されるはずです。したがって、照射後あるいは照射中に、身体の一部を冷やすだけでも効果があるかもしれません。

また、温浴やサウナなどを併用することも、発汗による水分の減少以外の効果があるかもしれません。どのような効果があるかは、今後の試験結果を待ちたいと思います。

⑤サプリメントやダイエット食品の併用

さまざまな栄養補助食品（サプリメント）や、ダイエット食品の中で、遊離脂肪酸の燃焼を促進するものには、運動の代わりになる可能性があります。また、全身の脂肪の減少に役立つギムネマやキトサン（糖・脂肪吸収阻害剤）や、食欲抑制剤及び食品の併用は食事制限と同様の効果があります。

しかし、あまりに多種多様な商品が市場に出ているので、その機能との併用効果はまだ不明です。

古来、遊離脂肪酸の燃焼を促進し、痩身効果があると言われているのは唐辛子です。唐辛子から抽出した成分のカプサイシンは、血中の糖や遊離脂肪酸を燃焼させ、体温を０・２℃上昇させます。

また、体表の血流を促進して放熱を促しますが、その過程で遊離脂肪酸が消費されます。

とにかく辛くて胃を刺激するので、市販品には緩和剤が調合されていますが、熱産生と放熱が同時に起こる珍しい食品が唐辛子《とうがらし》です。

◆肥満の測定法は？

Q７　全身の脂肪の減少は、どうやって測定するのですか？

A７　全身の脂肪は、体重と「体脂肪率」を測定するのが一般的ですが、体重は筋肉や骨格、内臓と、脂肪の重量の総和なので、これだけで脂肪の増減はよく分かりません。

体脂肪率というのは、水分を含む筋肉や内臓の電気伝導率が高く、水分のない脂肪は電動率が低いことを利用し、多数のヒトの両足や四肢相互間の電動率のデータから、体脂肪率を推定するものです。

したがって、水分の時間的変動によって誤差があり、個体差による誤差があることを知っておきましょう。これを正確に測定するには、水中で体重を測って空中での体重との差から脂肪の体積を割り出し、脂肪の比重と筋肉や内臓の比重から体脂肪率を求める方法があります。しかしこの方法でも、骨量や肺内の空気量の推定に誤差が生じる可能性があります。

さらに正確に測定したい場合は、Ｘ線ＣＴやＭＲＩなどの精密な装置で、全身を多数の輪切りにした撮影を行い、立体的に測定する方法があります。また、高エネルギーと低エネルギーの二種類のＸ線で全身を透過するＤＥＸＡという装置を使えば、骨や筋肉、内臓、脂肪などに分けて測定することができます。しかし、いずれも費用が高価で、Ｘ線被曝《ひばく》の問題もあり、容易には実行できません。

Ｑ８　部分的な脂肪の減少は、どうやって測定するのですか？

Ａ８　一番簡単で安価な方法は、メジャー（巻き尺）による測定ですが、誤差が大きいのが欠点です。メジャーの引き締め方で誤差が出るので、引っ張っても、あまり変化しないものを使いましょう。

とくに部分やせの希望が多い大腿部や、二の腕、ウェストなどは、採寸の位置が上下にずれると、大きく誤差が生じるので注意してください。また、測定位置が正確でも、メジャーを一周させる時の経路が上下すると、大きな誤差が発生します。

測定する位置や周回経路を一定にするには、サインペンなどで体表にマークするのがベストですが、被験者の都合を確かめながら実施してください。

メジャーによる採寸は皮下脂肪厚だけでなく、筋肉の増減も同じように測定してしまう欠点があり、とくに大腿部では筋肉の影響を考慮しなければなりません。

ソウル保健大学における三〇例の実験では、大腿部の周経にほとんど変化は見られませんでしたが、皮下脂肪の厚さは２４・２〜２４・７％も減少していました。

したがって、大幅な皮下脂肪の減少を測定する際の目安としては有用ですが、科学的データとして記録に残すには問題があります。

このほか、皮下脂肪だけを測定する簡単な方法として「キャリパー法」があります。この器械を用いて、ちょうど指で皮下脂肪をつまむようにすると、皮下脂肪の厚さが機械的に表示されますが、何よりも安価なメリットがあります。古来、医学界では広く使われてきた方式です。

精度上で言えば、X線CTやMRIによる部分やせの測定はベストです。いずれの機械も生体に接触せずに測定できるので、接触による誤差は生じません。測定の誤差は1mm程度で、撮影した断面から脂肪の断面積を正確に求めることができます。

もう一つの方法は、超音波断層撮影装置（エコー）による測定です。皮下脂肪厚の測定には精度が必要なので、解像力が高くなければなりませんが、そのためには7・5MHz以上の周波数の装置が望ましいことになります。

エコーでは、測定プローブを当てた点の断面が表示され、その映像から皮下脂肪の厚さを測定します。したがって、脂肪の分布状況を知るには、体表に沿ってプローブを移動する必要がありますが、気をつけなければならないのは、体表への「接触圧」です。

皮下脂肪層や筋肉層は、いずれも柔らかく、接触圧で変形するため、体表との間の空気層をなくすゼリーを厚く塗り、プローブの表面が体表から浮いている状態にするのが理想的です。

プローブの体表への角度を調整すると、まず皮膚層が白く表示され、次いで黒い層に白い帯状の筋がある脂肪層、白い縮緬状《ちりめんじょう》の筋肉層が表示されます。

プローブを押しつけたり緩めたりすると、それぞれの層厚が変化し、腹部では脂肪層が変化しますが、脂肪と筋肉の境界を判読するには慣れが必要です。

エコーには、カーソルを脂肪と筋肉の境界に移動し、カーソル間の距離を自動的に読み取る機能を有する機器がありますが、その機能がなければ、プリンターで印刷して脂肪の厚さを計測します。

その誤差は1mm程度で、X線CTやMRIの精度にも引けをとりません。

★肥満の個人差と「肥満遺伝子」

Q9　肥満と痩身には個人差がありますが、「部分やせ」にも個人差がありますか?

A9　最新の研究成果によって、肥満には遺伝子に起因する要素と、生活習慣や環境に起因する要素があることが分かってきました。

「NARL効果」についても、慈恵医科大学における照射実験では平均12%、最大で20%の皮下脂肪の減少が見られましたが、5%以下しか減らないヒトが一〇人中三人いました。ソウル保健大学での実験でも、効果が出ない人が三〇人中八人いました。

ヒトの遺伝子は約三二〇〇〇種あり、そのうち肥満関連の遺伝子は、約四八種類あるといわれています。この分野で世界的な業績をあげている京都府立医科大の吉田俊秀教授は、すでに個人毎の「肥満遺伝子」を測定し、テーラーメイドの最適な肥満医療を行っています。

四八種類の肥満遺伝子のうち重要なのは三種類で、まず、約34％の日本人が持つ「ベータ3アドレナリン受容体遺伝子」は、安静時のエネルギー代謝量が、通常より200kcal低くなる働きをします。

また、「UCP1遺伝子」（脱共役タンパク質）を持つ日本人は約25％おり、安静時の代謝量が80kcal低いことが分かっています。この両者は、エネルギーの消費量を少なくする働きをするので「節約型遺伝子」と呼ばれ、その保有者は太りやすくなります。

これと反対に、「ベータ2アドレナリン受容体遺伝子」を持つ人は、安静時のエネルギー代謝が約200kcalと盛んなので、やせやすいのです。

吉田教授の研究によれば、「ベータ3」と「ベータ2」の両方を持つ人は、遺伝子の働きが相殺されますが、太りやすい遺伝子を持つ人は、さらに食事制限を徹底することによって肥満治療の効果をあげているそうです。

（株式会社）三輪サイエンスでは、こうした肥満遺伝子の研究成果も取り入れながら、「ソニックスリム」を最大限活用するために、テーラーメイドシステムを構築したいと考えています。そのため、この分野の世界的権威である吉田先生の研究成果を利用させていただき、大手の専門分析会社と提携。「ジーンセンチュリー肥満研究所」を設立して、個人の肥満遺伝子の分析と対処法を中心とするサービスを開始しました。

具体的な対処法としては、運動や食事制限も含めて、節約遺伝子を持つ人に、より強いトリートメント処方を工夫して提供し、低カロリー食品や栄養の吸収を阻害するサプリメントなどを摂取していただくことになります。

また、ＮＡＲＬ超音波の照射にも、テーラーメイドの部分やせの手法を導入することにより、現在、一〇人中三人に効果がない割合を、０％に近づけることができると確信しています。

もちろん、遺伝的要因がすべてではありません。米国アリゾナ州のピマ・インディアンは「ベータ３遺伝子」を日本人より多く持つため、肥満体の人が多いことで有名ですが、メキシコに住むピマ族には、肥満が少ないそうです。このことは肥満において、遺伝的要因と共に、生活習慣や環境因子が重要であることを物語っています。

◆「ＮＡＲＬ超音波」の安全性について

Ｑ１０　超音波照射の安全性について、もう少し詳しく教えてください。

Ａ１０　安全性については、超音波断層撮影装置の普及とともに世界中で研究されていますが、もっとも進んでいるのは、米国ＦＤＡ（食品・医薬品管理庁）の基準です。

超音波が照射されると、その振動で摩擦熱が発生しますが、生体組織の温度が１℃上昇する条件を「温度指標ＴＩ＝１」と言います。したがって、３℃上昇すれば、ＴＩ＝３です。

「ＴＩ」（thermal index）は、超音波の周波数と強度（＝音圧の二乗）の積に比例するので、周波数が二倍になれば発熱は二倍、音圧が二倍になると発熱は四倍になります。

また、脂肪や筋肉・内臓などは「軟組織」と呼ばれますが、軟組織のＴＩを「ＴＩＳ」と表現します。

生体組織にどの程度の熱を加えても大丈夫かという研究は、加熱治療（ハイパーサーミア）のために詳しく調査されています。その結果、通常の組織なら４２℃まで安全ですが、４３℃では危険です。つまり、体温を３６℃とすれば、ギリギリＴＩ＝６まで安全ですが、測定の誤差や個人差があるので、それよりさらに低いＴＩに設定する必要があります。

ＦＤＡの基準では、ＴＩ＝１・２であれば、数日間の連続照射を二四時間行うことが許されています。しかしＴＩ＝４の場合、４０℃の高熱に相当するので、制限時間を「五分以内」としています。

仮に、周波数が１ＭＨｚなら強度は０・８４Ｗ／ｃ㎡で、５００ｋＨｚなら１・６８Ｗ／ｃ㎡でＴＩ＝４になります。

ＮＡＲＬ超音波は５００ｋＨｚを使用しますが、強度はかなり低く、ＴＩ＝０・２９なので、仮に連続照射しても、安全性にまったく問題はありません。

次に、もう一つの目安である「ＭＩ」（mechanical index、機械的指標）についてですが、超音波では、「負圧」側の振幅による空洞作用（キャビテーション）によって、生体組織が破壊されることがあります。

そのためＦＤＡでは、その限界値を越えないように求めていますが、ＭＩ値は音圧に比例し、周波数の平方根に反比例します。つまり、音圧が二倍になるとＭＩも二倍になり、周波数が半分になると、ＭＩは１・４倍になります。

そこで、ＦＤＡはＭＩが１・０以下で安全としていますが、ＡＩＵＭ（米国超音波医学会）ではＭＩが０・３以下で、いかなる哺乳類にも安全だと認めています。通常の医療用超音波装置ではパルスが使用され、パルス幅内の平均でＭＩが１・９以下まで許されていますが、実際には基準値を越える場合があるようです。

いずれにしても、ＮＡＲＬ超音波はＭＩが０・０８以下なので、まったく問題はありません。

ちなみに、米国ではほとんどの超音波機器にＴＩとＭＩを表示することが義務づけられていますが、日本では野放しで、ほとんどの機器に「強度表示」がありません。これらの機器の危険性は明白なので、かならず周波数だけでなく強度表示（ＴＩ、ＭＩ）があり、安全性の範囲内にあることを確認して選ぶようにしましょう。

Q11　超音波は血液成分に悪い影響を与えませんか？　また、病人に照射しても大丈夫ですか？

A11　血液成分は生体機能を代表しますので、NARL超音波の血液成分への影響について、慈恵医科大学での二重コントロール盲験で、一〇名に照射し、非照射のコントロール群一〇名と比較しました。

試験の開始前と終了時に血液を採取し、脂質関連の一三項目、酵素の活性度関連七項目、糖関連三項目、生体の色素関連二項目を測定しましたが、とくに変化はなく、脂質関連は減少傾向を示しました。このほか、約三〇名の健康診断項目による血液検査でも異常はなく、安全の範囲内であることが分かり、照射後約五年を経過した被験者に、「後発性」の異常な症状はありません。

ただし、眼球や妊娠中の子宮への照射、疾患部への超音波照射はデータがないので控えましょう。基本的に、病人への照射は控えてください。

超音波ゼリーは、広く超音波診断に使われているので、皮膚への影響はありませんが、皮膚アレルギーがある方は発赤《はっせき》することがあるので、その場合は照射を中止して医師に相談してください。

また、腹部に照射した場合に、腸内ガスが分離してガス溜まりができ、異常を感じることがあります。手でさわると見当がつき、ガスが移動して抜けると治りますが、異常な感じが続く場合は、医師に診察してもらってください。

ちなみに、脂肪肝の患者の腹部への照射例が少数ありますが、安全です。むしろ脂肪肝が消失したという報告もあるので、現在追加試験を実施しています。

これで、「ＮＡＲＬ超音波」に対するＱ＆Ａを終わりますが、さらに質問がある方は、左記のアドレスまで電子メールでどうぞ。

hirohide@miwa-science.co.jp
三輪サイエンス研究所――三輪博秀

また最新のＮＡＲＬ超音波と肥満遺伝子については、左記ＵＲＬのホーム頁を御覧下さい。

http://www.miwa-science.co.jp
http://www.gc-ori.org/

あとがき

ＮＡＲＬ超音波の研究を始めて六年、多くの方々の御協力と御指導を得てようやくその原理の解明と実証、ヒトでの効果の確認、安全性の確認、ソニックスリムとしての商品化、使用法のフトの最適化、個人差による有効率の統計データ、その効きにくいヒトの原因追求のための肥満遺伝子の解明と、地道に科学的に進めて参りました。まだまだ追求すべきテーマは多いのですが、おかげさまで最近ようやく実績が認められる機運になってまいりました。

ここに及ばずながら皆様に全貌を御紹介し、御理解を得る気持ちになり、出版の運びになりました。

本書がいくらかでも皆様のお役に立てば幸いです。

謝辞

当初の発想のきっかけとなった奥田教授との出会い、基礎データの取得での奥田教授、辻田博士、妹尾博士の御指導ご協力、超音波定量測定と安全性についての古幡教授、血液成分への影響調査の周哲男院長の御指導ご協力、ヒトでの厳密なダブルコントロール盲検での医学的局部やせの検証に御指導、ご協力いただいた池田教授・佐々木博士、ヒト大腿での局部やせ試験の杉山教授、この間協力を得た木野正人研究員、さらに商品化展開に当たり、適用ソフトの開発で御指導ご協力を得た松崎松平東海大学八王子病院長・白石助教授、ヒトでのNA放出をSPECTで可視化確認して頂いた大西博士、試験例を提供して頂いた土田隆センター長、高梨真教院長、イルヴィアール北井裕子院長、メヂリラボの皆様、その他ご報告をよせていただいた多くのユウザー様、および当社社員たち——に深い感謝の意を表明いたします。

なお、肥満遺伝子について御指導いただいた京都府立医大、吉田俊秀教授にも深い感謝の意を表明いたします。

大学・病院関係の皆様の詳細を、次表にお知らせいたします。

NO	②ご芳名	③所属機関／ご職位	④共同研究の内容と結果の概要
1	医学博士 奥田　拓道	愛媛大学医学部教授 第2生化学 （現：熊本県立大学 環境共生学部教授）	ラット照射によるFFA生成の最適照射超音波条件の決定
	医学博士 辻田隆廣	愛媛大学医学部助教授 実験センター	
	工学博士 医学博士 古幡　博	東京慈恵医科大学教授 総合医科学研究センター ME研究室	超音波定量技術と安定性基準
2	医学博士 妹尾　広正	徳島大学医学部 情報統合医学講座 統合生理学	NARL超音波によるラットでのノルアドレナリン放出効果
3	医学博士 杉山　允宏	愛媛大学教育学部教授 体育学研究室	ヒト大腿部でのNARL照射効果と安全性の研究

4	医学博士 周　哲男	東京肥満研究所　所長 代官山美容外科医院院長 国際美容外科学界・会長	腹部照射と安全性の研究
5	医学博士 池田　義雄	東京慈恵医科大学教授 健康医学センター （現：タニタ体重科学研究所長）	ヒト腹部でのＮＡＲＬ照射効果と安全性の医学的厳密測定
	医学博士 佐々木温子	東京慈恵医科大学 健康医学センター医長 （現：東京衛生病院）	
6	医学博士 土田　隆	磯子中央脳神経外科病院 健康管理センター長	照射パッド面積の影響調査（日本テレビ） カテコールアミンの動態研究
7	医学博士 高梨　真教	タカナシクリニック院長	ＶＬＣＤとＥＭＳ下での大腿部照射試験
8	医学博士 白石　光一	東海大学医学部付属八王子病院 消化器内科助教授	ＮＡＲＬ超音波照射時のノルアドレナリン、ＦＦＡの動態研究
9	医学博士 大西　隆	国立精神神経センター病院 放射線診療部医長	ヒトでのＮＡＲＬ効果によるノルアドレナリン動態のＳＰＥＣＴによる可視化確認

［参考文献一覧］

今回の執筆に当たっては、多数の書籍や新聞・雑誌記事、テレビ番組などを参考にさせていただきましたが、とくに下記の書籍及び雑誌から多くを引用させていただいたことを明記し、ここに深甚なる謝意を表させていただきます。ありがとうございました。

『肥満・肥満症の指導マニュアル／第2版』（日本肥満学会編集委員会編、医歯薬出版社刊）
『図解雑学／なぜ太るのかやせるのか』（蒲原聖司著、ナツメ社刊）
『正しい知識でダイエット／体脂肪完全燃焼！』（大野誠著、新星出版社刊）
『ダイエット／成功する人失敗する人１４０人の体験から』（女子栄養大学出版部刊）
『Ｔａｒｚａｎ』（２０００年4月２６日号、マガジンハウス刊）

驚異の「部分やせ美容法」NARL超音波

2004年5月29日　第1刷発行

著　者　三　輪　博　秀
発行人　浜　　　正　史
発行所　株式会社　元就《げんしゅう》出版社
〒171-0022 東京都豊島区南池袋4-20-9
サンロードビル2F-B
電話　03-3986-7736 FAX 03-3987-2580
振替　00120-3-31078
装　幀　純　谷　祥　一
印刷所　中央精版印刷株式会社

ISBN4-86106-006-0　C0047